公営住宅の

遺品整理

法的課題と
自治体の対応

藤島光雄
岩本慶則

編著

第一法規

はじめに

　本書は、自治実務セミナー（2019年5月号から2020年6月号まで）に連載された「市営住宅における単身入居者の死亡〜残された家財道具等の取扱い等について〜」並びに2022年5月号及び6月号に番外編として連載された「市営住宅における単身入居者の死亡【番外編（上）・（下）】」を、直近の国の動きやいわゆる追い出し条項が有効とされた令和3年の大阪高裁判決等も踏まえて、より使い勝手よく発展的に編集しています。例えば、令和3年6月に国土交通省と法務省が公表した単身高齢者が入居を断られないというモデル契約条項の解説やA市が当時取材を受けた新聞記者から、国の担当者に確認したところ、全国初ではないかと言われた福祉課所管の法律を活用して家財道具等を撤去する手法を具体的に説明した項目を加筆しています。

　また、新たにこの手法を公営住宅へ応用するとともに、一定の要件を満たす民間住宅にも準用することを提案しています。さらには、自治体で公営住宅の管理を担当する職員から寄せられた質問への回答も掲載しています。本文中で引用した根拠法令を示したり、「ちょっと確認！」（用語の解説や留意事項等をまとめたコラム）を掲載したりすることで、法令集等を手元に置かなくてもより理解を深めることができるようにしました。

　本書は、自治体職員や自治体議会議員の皆さんに、現場自治体職員による最先端の取組みを知っていただくことで、間接的にも役に立つ内容になっています。筆者達は、永年自治体職員として勤務した経験を持つ大学教授と市議会事務局で議会事務に10年にわたって携わり、その後、市営住宅の管理や生活保護法等を所管する業務等に携わっている現職の自治体職員です。したがって、現場の自治体職員の苦悩や議員の立場や思考過程さらには福祉業務を通じて知り得た大家さんの苦悩も十分に理解しているつもりです。

　本書は、現場の感覚に即しつつも先例にとらわれるのではなく、自治体職員として、住民に説明責任を果たすための仕事の仕方を追求した知恵が

掲載されています。このことは、A市という自治体で実際に起きた事例を基に、業務執行の根拠となる法令等を活用して、目的を達成したことを通じて理解していただけるものと考えています。自治体職員であれば、法令に使われるのは仕方のないことと思うかもしれません。しかし、A市での実例を見れば、法令を活用することで現場の課題を解決できることも可能なのだと実感していただけると思います。一部にやや独断的な解釈・運用があると思われるかもしれませんが、ご意見・ご批判をいただければ幸いです。

　本書による現場での一例を通じて、同じように他の分野でも自治体職員が法令を活用することで、自治体現場の課題を解消することや議員の皆さんが、当該自治体の公益性の観点から政策提案を行ったりすることの一助となれば幸いです。

　最後に、本書の編集にあたっては、第一法規株式会社制作局編集第二部の梅牧文彦氏、工藤真澄氏の両氏には、大変お世話になりました。この場をお借りして厚く御礼申し上げます。

令和 4 年11月吉日

著　　者

contents

第5　身寄りのない単身入居者が死亡後に残した家財道具等の処分について　35

第8 単身高齢者が入居を断られないという モデル契約条項について 89

第9 入居者が失踪した場合について 99

第10 自治体の条例を根拠に どこまで対応できるのか 105

第11 福祉課所管の法律を活用した施策の提案
121

第12 民間賃貸住宅内で単身入居者が死亡した後に残された家財道具等の撤去について　169

第13 結びに　181

ちょっと確認!

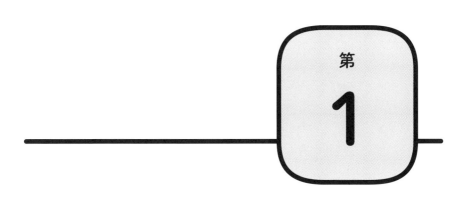

第 1

公営住宅で
空き部屋が放置されている

少し古くなりますが、「公営住宅で孤独死した入居者の遺品が宙に浮いている。引取り手のない場合、どう処分すればいいのか。管理する自治体が頭を抱えている」という記事がありました（平成25年2月17日付け朝日新聞）。

　当時の東京都では、相続人が遺品の引取りを拒否したり、相続人がいなかったりするケースは年40〜50件もありました。自治体によっては、入居していた部屋を現状保存していたり、遺品等を倉庫に移動して保管したり、相続人を相手取って部屋の明渡訴訟を提起している自治体もあり、なかには、正規の手続を経ずに遺品を廃棄している自治体もあったといいます。

　最近でも、中日新聞が平成30年に都道府県と全国の指定都市67団体に行った「公営住宅における入居者死亡後の残置物の扱いに関する自治体アンケート」調査結果（平成30年3月18日付け中日新聞）によりますと、その約4割の自治体が単身入居者の死亡後に引取り手のない遺品が放置されている公営住宅を抱えており、遺品が置き去りにされている住宅は、計627戸に上っています。また、これら全67自治体のうち、愛知県、岐阜県、三重県、滋賀県、名古屋市など27の自治体が部屋でそのまま保管し、遺品を別の場所で保管している自治体は埼玉県、神奈川県など5団体ありました。

　一方で、職権で廃棄することがあると答えたのは、愛知県、長野県、名古屋市など28団体あり、平成28年に遺品が廃棄された住宅は計252戸でした。大阪市では、相続人の協力を得られない場合、部屋の明渡しを求める訴訟を起こして判決後に遺品を廃棄しています。

　また、当時遺品の取扱いについてルールを設けているのは、愛知県、長野県など9団体で、いずれも条例ではなく、要領や要綱など内部規則で対応しています。遺品の処分を巡る課題は、「相続人全員に連絡を取るなど、多大な労力と時間がかかる」ため、相続人等の承認を得ることなく、自治体が速やかに処分できるようにするなど、法制度の整備を希望する自治体が複数あったといいます。

1 自治体の要望

大阪府知事と和歌山県知事が次のような要望を国に提出しています。

公営住宅の単身入居者死亡に係る住宅返還に関する要望

平成28年6月

大阪府・和歌山県

　公営住宅の単身入居者が死亡した場合、残された家財等は、民法第896条及び第898条の規定により、相続財産として相続人の共有に属することから、その処分には全ての相続人の同意が必要となる。そのため、公営住宅の事業主体においては、単身入居者が死亡した後、当該入居者の相続人の探索及び確定を行った上で、当該相続人に対して、家財等の撤去を求めているが、これに多くの時間を要しているのが実態である。

　一方で、公営住宅は、公営住宅法第一条に規定するとおり「住宅に困窮する低額所得者に対して低廉な家賃で賃貸」することを目的とするもので、極めて高い公益性を有しているところ、上述の現状においては、速やかに住宅の返還を実現し、新たな入居者に供給するという公益を著しく阻害しているため、これを是正する方策を講じるべきである。

　そこで、公営住宅の単身入居者が死亡した後、住宅内に家財等が残置され、住宅の返還が行われない場合、相続人に対し相当期間内に残置されている家財等の撤去等を行うべき旨の公告を行い、当該期限までに撤去等が行われないときは、事業主体が家財等を移動し、期限を定めて保管したのち処分できる規定を整備することを要望する。

平成28年6月

国土交通大臣　石井啓一　様

大阪府知事　松井一郎

和歌山県知事　仁坂吉伸

---

2 国の方針

　自治体からのこれらの要望に対して、国土交通省住宅総合整備課の担当者は、「公営住宅の運用と管理は、地方自治体に委ねられ、国は指導・監督する立場にとどまる」としながらも、平成29年1月25日付け国住備105号で、「公営住宅における単身入居者死亡後の残置物への対応方針の策定について」（以下「国対応方針」といいます）と題して、全国の自治体に通知しました。その内容は、全国の事業主体への調査結果と、「地域の実情に応じ、あらかじめ、内部規則等により単身入居者死亡後の残置物への対応方針を策定するなど、万一の場合の事案に対して適切に対応する枠組みを整備することにより、引き続き、公営住宅の適正かつ合理的な管理の実施に努めていただきたい」と各自治体に適切な対応を求めるというものでした。

3 本書の方針

　このように、残念ながら国においての積極的な法整備は期待できない状況であり、自治体が独自にこの課題に取り組むしかないのが実態です。そこで、本書では、自治体現場での実際の取組事例を挙げながら、この課題解決策について、検討を加えていきます。そして、単身入居者が死亡した場合や行方不明等で一定期間以上公営住宅を使用しなくなった場合（以下「失踪した場合」といいます）における残された家財道具等の取扱い等についての基本的な考え方を整理することにより、裁判手続を経ることなく、住宅セーフティネット機能を有する貴重な公営住宅を速やかに公募できる仕組みを作りたいと考えています。

　そこでより分かりやすいように、A市の市営住宅の現状と課題について概観していきます。また、国対応方針により自治体が裁判所での手続を経ることなく、公営住宅内に放置されたままの家財道具等を撤去できるよう

になったかのようなマスコミ報道（平成29年2月2日官庁速報、平成29年4月27日付け読売新聞「相続人同意なしでも容認」）もあったことから、その分析を行い検討を加えていきます。

　また、A市営住宅における単身入居者の死亡後に、家財道具等が放置されたままの部屋を、裁判手続により解決した事例の事務手続等について詳述し、その手続に時間がかかり住宅セーフティネットの確保に支障が出ていることを説明していきます。

　その上で、裁判上の和解を経て、実際に自治体職員が放置された家財道具等を撤去する場合の実務上の課題を明らかにし、一定の考え方を示すとともに当時のA市営住宅における死因贈与契約（ちょっと確認！）を利用した対応について紹介します。

　また、死因贈与契約に伴う想定されるトラブルへの対処方法を検討するとともに、国土交通省と法務省により令和3年6月に公表された「残置物の処理等に関するモデル契約条項」（以下「モデル契約条項」といいます）を公営住宅や住宅確保要配慮者用の住宅に活用する提案も行います。さらには、福祉課所管の法令を活用してゴミ屋敷のゴミを廃棄したことから、これを応用して放置されたままの家財道具等を廃棄する施策についても具体的に提案していきたいと思います。

ちょっと確認！　死因贈与とは？

　「死因贈与」とは、被相続人となる「贈与者」が生前に一定の財産を「受贈者」に贈与する契約を締結することで、贈与者が死亡した際に効力が生じる贈与（相続）のことです（民法549条）。「遺贈」は、遺言による贈与のことをいい（民法964条）、遺言は財産を渡す人（被相続人）だけの一方的な意思表示により行われ、受け取る人の承諾は必要ありませんが、死因贈与は財産を渡す人（贈与者）と受け取

る人（受贈者）との合意が必要で、受け取る人の承諾を得なければ
死因贈与契約は成立しません。

公営住宅における遺贈・死因贈与・相続の違い

遺贈	死因贈与	相続
相続人や相続人以外にも入居者の財産を引き継がせることができます。 遺贈には、特定遺贈と包括遺贈があります（民法964条）。特定遺贈とは、部屋の中の絵画やタンス、ベッド、テレビといったように財産を特定して遺贈することです。 一方、包括遺贈とは、入居者の財産の全部とか、半分とか一定の割合で遺贈することです。厳格な要件・様式が必要になりますので、公営住宅において、遺贈が活用できる場面は少ないように感じます。	相続人や相続人以外にも財産を引き継がせることができます。 厳格な要件・様式がないことから、入居者の死亡後、部屋の中の家財道具一式を贈与するという契約を行います。 そして、入居者死亡後は、公営住宅の家主である自治体との間で、当該家財道具等の所有権を放棄する契約を予め結ぶことによって、公営住宅を直ちに返却できるように活用します。	財産は相続人にのみ引き継がれます。 法定相続人が、相続放棄や限定承認をしない限り入居者の財産（債務を含みます）を相続します。ただし、入居者の地位を相続することはできません。このため、当然に公営住宅に入居できるものではありません。
要件を守った遺言書が必要です（民法960条以下）。	契約になりますので、受贈者（贈与を受ける者）の合意が必要です。また、口約束でも契約は可能です。なお、単に贈与を受けるだけであれば年齢制限はありません。しかし、公営住宅において入居者死亡後の家財道具等を廃棄するための死因贈与契約の場合には、18歳以上であることが必要です（民法4条）。	法定相続の場合、特別の様式はありません。

（出典：筆者作成）

超高齢社会の到来

高齢単身世帯が、ますます増加傾向にあります。国立社会保障・人口問題研究所によると、1980年は88万人だった65歳以上の単身世帯が2010年に498万人と５倍以上になりました。さらに、2018年２月28日に公表された「日本の世帯数の将来推計」によると、2035年には2,023万世帯（38.7%）とこれまでの推計よりも更に大きく増加しています（国立社会保障・人口問題研究所「日本の世帯数の将来推計（全国推計）－2015（平成27）～2040（平成52）年－2018（平成30）年推計」人口問題研究資料339号、2018年２月）。

　こうしたなか、沖縄県の総人口に占める65歳以上の割合（高齢化率）が2018年３月現在で21.1%（前年比0.6ポイント増）となり、21%を超える超高齢社会の水準に初めて突入したことが分かりました。全国の高齢化率は27.7%（2017年10月現在）で、最も低かった沖縄県が21%を超えたことで、全都道府県で超高齢社会となったのです。

　このような高齢化や核家族化の進展により、最近では、こういった孤独死や残置物の処理等の問題の影響等もあり、一人暮らしの65歳以上の人は、民間の賃貸住宅への入居を断られることが多いといわれています。（公財）日本賃貸住宅管理協会が、平成26年度に行った家賃債務保証会社の実態調査報告書によると、60歳以上の単身者の入居について、「拒否感がある」と回答した大家の割合は約６割で、実際に60歳以上の単身者の入居を断っている大家は14.2%でした。

総人口に占める65歳以上の人口とその割合（各年10月１日現在）

年次	総人口（万人）	65歳以上人口（万人）	総人口に占める割合（%）
1980	11706	1065	9.1
1985	12105	1247	10.3
1990	12361	1493	12.1
1995	12557	1828	14.6
2000	12693	2204	17.4
2005	12777	2576	20.2
2010	12806	2948	23.0
2015	12709	3387	26.6
2020	12614	3602	28.5

（出典：総務省統計局資料（国勢調査結果）に基づき筆者作成）

市営住宅について

ここからは、市営住宅について説明していきます。市営住宅については、その種類が自治体によって様々ですので（低所得者向けの家賃の低額な「公営住宅」や中堅所得者向けの「特定公共賃貸住宅」を市営住宅としている自治体もあります。東京都の場合は都営住宅、県の場合は県営住宅、大阪府や京都府の場合は府営住宅といいます。本書では、特定の市営住宅を除き、「公営住宅」という用語を使用しています）、共通部分を含めてＡ市における市営住宅を例にして説明していきます。

1 市営住宅とは

　Ａ市の市営住宅は、公営住宅及び改良住宅等から構成されていますが（Ａ市営住宅条例2条1号）、公営住宅は健康で文化的な生活を営むに足りる住宅を整備し、これを住宅に困窮する低額所得者に対して低廉な家賃で賃貸し、又は転貸することにより、国民生活の安定と社会福祉の増進に寄与することを目的として供給されるものであり（公営住宅法1条）、家賃の低廉性を実現するために、国と地方公共団体が近傍同種金額（近傍同種の民間賃貸住宅の家賃相当額）との差を負担している住宅です。

公営住宅法（昭和26年法律193号）
　（この法律の目的）
第1条　この法律は、国及び地方公共団体が協力して、健康で文化的な生活を営むに足りる住宅を整備し、これを住宅に困窮する低額所得者に対して低廉な家賃で賃貸し、又は転貸することにより、国民生活の安定と社会福祉の増進に寄与することを目的とする。
　（入居者資格）
第23条　公営住宅の入居者は、少なくとも次に掲げる条件を具備する者でなければならない。
　一　その者の収入がイ又はロに掲げる場合に応じ、それぞれイ又はロに定める金額を超えないこと。
　　イ　入居者の心身の状況又は世帯構成、区域内の住宅事情その他の事情を勘

　　案し、特に居住の安定を図る必要がある場合として条例で定める場合　入
　　居の際の収入の上限として政令で定める金額以下で事業主体が条例で定め
　　る金額
　　ロ　イに掲げる場合以外の場合　低額所得者の居住の安定を図るため必要な
　　ものとして政令で定める金額を参酌して、イの政令で定める金額以下で事
　　業主体が条例で定める金額
　二　現に住宅に困窮していることが明らかであること。

公営住宅法施行令（昭和26年政令240号）
（入居者資格）
第6条　法第23条第1号イに規定する政令で定める金額は、25万9千円とする。
2　法第23条第1号ロに規定する政令で定める金額は、15万8千円とする。

A市営住宅条例
（公営住宅の入居者資格）
第5条　公営住宅に入居することができる者は、次の各号（高齢者、身体障害者
　その他の居住の安定を図る必要がある者として規則で定める者（次条第2項に
　おいて「高齢者等」という。）にあっては第2号から第7号まで、被災市街地復
　興特別措置法（平成7年法律第14号）第21条の被災者等にあっては第3号及び
　第7号）の条件を具備する者でなければならない。
⑴　現に同居し、又は同居しようとする親族（婚姻の届出をしないが、事実上
　　婚姻関係と同様の事情にある者その他婚姻の予約者を含む。以下同じ。）があ
　　ること。
⑵　その者の収入がア又はイに掲げる場合に応じ、それぞれア又はイに掲げる
　　金額を超えないこと。
　ア　入居者が身体障害者である場合その他の特に居住の安定を図る必要があ
　　る者として㋐から㋓までのいずれかに該当する場合　214,000円（㋓に該当
　　する場合であって当該災害発生の日から3年を経過した後は、158,000円）
　　㋐　入居者又は同居者にaからeまでのいずれかに該当する者がある場合
　　　a　障害者基本法（昭和45年法律第84号）第2条第1号に規定する障害
　　　　者でその障害の程度が(a)から(c)までに掲げる障害の種類に応じ、それ
　　　　ぞれ(a)から(c)までに定める障害の程度であるもの
　　　(a)　身体障害者　身体障害者福祉法施行規則（昭和25年厚生省令第15
　　　　号）別表第5の1級から4級までのいずれかに該当する程度
　　　(b)　精神障害　精神保健及び精神障害者福祉に関する法律施行令（昭

和25年政令第155号）第6条第3項に規定する1級又は2級に該当する程度

  (c) 知的障害 (b)に規定する精神障害の程度に相当する程度
  b 戦傷病者特別援護法（昭和38年法律第168号）第2条第1項に規定する戦傷病者でその障害の程度が恩給法（大正12年法律第48号）別表第1号表ノ2の特別項症から第6項症まで又は同法別表第1号表ノ3の第1款症であるもの
  c 原子爆弾被爆者に対する援護に関する法律（平成6年法律第117号）第11条第1項の規定による厚生労働大臣の認定を受けている者
  d 海外からの引揚者で本邦に引き揚げた日から起算して5年を経過していないもの
  e ハンセン病療養所入所者等に対する補償金の支給等に関する法律（平成13年法律第63号）第2条に規定するハンセン病療養所入所者等
 (イ) 入居者が60歳以上の者であり、かつ、同居者のいずれもが60歳以上又は18歳未満の者である場合
 (ウ) 同居者に中学校就学の始期に達するまでの者がある場合
 (エ) 公営住宅が、法第8条第1項若しくは第3項又は激甚災害に対処するための特別の財政援助等に関する法律（昭和37年法律第150号）第22条第1項の規定による国の補助に係るものである場合
 イ アに掲げる場合以外の場合 158,000円

住宅地区改良法（昭和35年法律84号）

（改良住宅に入居させるべき者）

第18条 施行者は、次の各号に掲げる者で、改良住宅への入居を希望し、かつ、住宅に困窮すると認められるものを改良住宅に入居させなければならない。

 一 次に掲げる者で住宅地区改良事業の施行に伴い住宅を失つたもの
  イ 改良地区の指定の日から引き続き改良地区内に居住していた者。ただし、改良地区の指定の日後に別世帯を構成するに至つた者を除く。
  ロ イただし書に該当する者及び改良地区の指定の日後に改良地区内に居住するに至つた者。ただし、政令で定めるところにより、施行者が承認した者に限る。
  ハ 改良地区の指定の日後にイ又はロに該当する者と同一の世帯に属するに至つた者
 二 前号イ、ロ又はハに該当する者で改良地区の指定の日後に改良地区内において災害により住宅を失つたもの
 三 前2号に掲げる者と同一の世帯に属する者

　一方、改良住宅には住宅地区改良法18条に定める者を入居させることになっていますが、住宅に困窮すると認められるものを入居させる点では公営住宅と同じです。

　公営住宅の場合は、さらに低額所得者であることが必要ですが（公営住宅法1条・23条）、A市営住宅の管理戸数1,862戸中の1,012戸（令和3年3月末現在）を占める改良住宅を含め、市営住宅全体の収入区分別入居世帯数は、国が定める最低区分の構成が全体の約81%を占めているのが現状です。また、A市営住宅の家賃制度は、入居者の収入と住宅から受ける便益によって決定される応能応益家賃制度（ちょっと確認！）で、この応能応益家賃は法令上低廉性が確保されることとなっています。

応能応益家賃制度とは？

　平成8年の公営住宅法の改正に伴い、家賃水準が低額所得者の家賃負担能力に応じたものとなることを基本としつつ、これに個々の住宅の便益に応じた補正を加える応能応益家賃制度が導入されました。すなわち、公営住宅の家賃は、毎年度、入居者からの収入の申告に基づき、当該入居者の収入及び当該公営住宅の立地条件、規模、建設時からの経過年数その他の事項に応じ、かつ、近傍同種の住宅の家賃以下で、政令で定めるところにより、事業主体が定めることとされました。

　市営住宅には、国からの建設費補助金や家賃対策補助金などが支出されており、低廉な家賃が維持されているため（表1参照）、住宅に困窮する低額所得者に非常に人気が高くなっているのです。A市の市営住宅では、8割を超える入居者の家賃が20,000円以下となっていることが分かります。

A市営住宅における平成27年度から令和元年度までの募集倍率は、平均11.83倍となっています。そして、一度入居すると亡くなるまで居住を続ける入居者が多く、例えば、A市営住宅における30年以上の入居者は6割にも達しています（表2参照）。このため、新たに公募できる市営住宅は非常に少ないのが現状です。

　市営住宅は、その戸数は限定されているものの、住宅に困窮する低額所得者に対して低廉な家賃で賃貸することにより、市民生活の安定と社会福祉の増進に寄与しているのです。このように市営住宅は、多額の公費が投入された、住宅セーフティネット機能を有する、公益性の高い住宅であるといえます。

表1　家賃別入居世帯数（令和2年5月末現在）

月家賃	〜5,000円	5,001〜10,000円	10,001〜15,000円	15,001〜20,000円	20,001〜30,000円	30,001〜50,000円	50,001〜70,000円	70,001〜	計
世帯数 令和元年度	388 (26.9)	356 (24.7)	316 (21.9)	106 (7.4)	135 (9.4)	80 (5.5)	42 (2.9)	19 (1.3)	1,442 (100%)

（出典：筆者作成）

表2　A市営住宅居住年数（平成28年3月末現在）

居住年数	世帯数	割合%
10年未満	282	18.1
10年以上20年未満	201	12.9
20年以上30年未満	140	9.0
30年以上	938	60.0
計	1,561	100.0

（出典：平成27年度の資料に基づき筆者作成）

2 A市営住宅の現状

　65歳以上の単身世帯数は、平成17年国勢調査時の9,598世帯から令和2年国勢調査時には17,067世帯へと15年間で1.78倍になっています。令和2年時のA市内における65歳以上の単身世帯数（17,067世帯）が世帯数（114,265世帯）に占める割合は、14.94%と市内世帯数の1割を超えている状況でした。

　一方でA市営住宅の65歳以上の単身世帯数722世帯が入居世帯数1,446世帯に占める割合は49.93%であり市営住宅における65歳以上の単身世帯数は、A市内の割合よりも約35%も高くなっているのです（令和2年3月末現在）。

　これは、市営住宅には住宅に困窮する低額所得者が多く住み、収入要件を満たす限り、生涯住み続けることができることによるものです。近い将来において、単身入居者が死亡後に残したままの家財道具等の問題がますます顕在化することが容易に想定でき、他の自治体においても同じような状況がいずれ起きるものと思われ、決して他人事ではありません。

　A市では、かつて市営住宅で高齢の単身入居者が死亡後、相続人不明のため5年もの間、家財道具等が放置されたままの状態で公募されない部屋が存在していました。大阪府営住宅においても単身入居者が死亡後、遺品が残されたまま明け渡されない状態の部屋が少なくとも約190戸に上り（平成27年12月末現在）、なかには15年間、未返還のままの部屋があることが報道されていました（平成28年8月30日付け読売新聞）。公営住宅等を管理する自治体の現場では、相続人から遺品処分の同意を取り付けることが困難であったり、また、相続財産管理人（ちょっと確認！）の選任には膨大な時間と費用がかかったりすることから敬遠されていたのではないかと思われます。

ちょっと 確認！　相続財産管理人とは？

　相続人の存在、不存在が明らかでないとき（相続人全員が相続放棄をして、結果として相続する者がいなくなった場合も含まれます）には、家庭裁判所に申し立てて、相続財産の管理人を選任する必要があります（民法951条以下参照）。相続財産管理人は、被相続人の債権者等に対して被相続人の債務を支払うなどして清算を行い、清算後残った財産を国庫に帰属させることになります（同法239条２項・959条）。また、特別縁故者（被相続人と特別の縁故のあった者）に対する相続財産分与がなされる場合もあります。

裁判所ホームページ

「https://www.courts.go.jp/saiban/syurui/syurui_kazi/kazi_06_15/index.html」参照

　特に相続財産管理人の選任には、相続人がいないことを疎明（ちょっと確認！）する必要がある上、家庭裁判所に100万円程度の予納金（ちょっと確認！）を納めなければならず、また、その予納金もほぼ返ってこないと考えられ、高齢化の進行とともに単身入居者が増えていることから、こういった事例は特別なことではなくなると思われます。

ちょっと 確認！　疎明とは？

　訴訟手続上、裁判官が当事者の主張事実につき、一応確からしいという程度の心証を抱いた状態、又は裁判官にその程度の心証を得させるために当事者がする行為をいいます（法令用語研究会編『法律用語辞典』（有斐閣、第４版、2012））。

手続上の事項については迅速な処理のため、証明まで要求することは適当でないので、疎明でよいとされる事項が法定されています。

予約金とは？

裁判所のホームページによれば、相続財産管理人の申立費用として「相続財産の内容から、相続財産管理人が相続財産を管理するために必要な費用（相続財産管理人に対する報酬を含む。）に不足が出る可能性がある場合には、相続財産管理人が円滑に事務を行うことができるように、申立人に相当額を予納金として納付していただくことがあります」と説明されています（http://www.courts.go.jp/saiban/syurui_kazi/kazi_06_15/index.html）。

具体的な額、時期、方法については、事案や家庭裁判所によって異なるので、申立てをする家庭裁判所に確認する必要があります。東京家庭裁判所などでは、預貯金など費用に充当することが可能な相続財産の存在が明確でない場合は、選任審判前に金100万円を予納させているようであると紹介しています（水野賢一『相続人不存在の実務と書式』56頁（民事法研究会、2013））。

なお、墓地、埋葬等に関する法律（以下「墓埋法」といいます）等に基づき、市長が火葬を行った場合に残された遺留金の額が、その費用を超えて残っている場合に相続財産管理人の選任請求を行う場合があります。この場合、筆者による大阪家庭裁判所への電話確認では、30万円程度の遺留金があれば相続財産管理人を選任してくれるようです。

A市では、このような部屋を多額の公費支出による法的手段で取り戻しましたが、住宅困窮者のために賃貸する公営住宅には、低廉な家賃を維持するために多額の税金が投入されているのです（例えば、「大阪府財政構造改革プラン（案）」53頁（平成22年10月）には、「（府営住宅に）入居できなかった府民に比べ平均居住年数の22年で約1,400万円の受益を受ける…」とあります）。しかし、入居決定後の法律関係は民間の賃貸住宅と変わらない（ちょっと確認！）と解釈されています。

ちょっと確認！　入居決定後の法律関係は民間の賃貸住宅と変わらない！？

　自治体の公営住宅担当課職員の教科書と言われている公営住宅管理研究会編『公営住宅管理必携　平成27年度版』821頁以下（一般社団法人日本住宅協会、2015）によれば、昭和26年10月24日法務府法制意見第一局長から札幌市長あて「公営住宅法の家賃の性質について」の中で、「私経済的役務に対する反対給付は地方自治法にいう「手数料」に包含されない。「使用料」についても同様である」との解釈が示されています。

　また、昭和34年3月20日の衆議院建設委員会で委員から公営住宅法における家賃の性格を問われ、当時の法制局の担当部長は「説が分れているところでございます。これはずっと昔になりますが、一つの考えは、営造物の使用料ということだけではなしに、営造物の使用料だから、具体的な効果として、強制徴収ができるという、そこに結びつく考えが一つ。そうではなしに、かりに営造物の使用料としても、やはりそれは家賃として、民法上の普通の民間の家賃と使用関係は同じだ、同じような法律関係は同じような法律規制に従うべきだ、従ってやはりそれは民法の強制執行でいくべきだ、こういう考え方と、結局具体的効果の分れているのはそこだろうと思い

ます。…学界におきましても、議論が分れておるようでありまして、私の聞くところでは、田中二郎先生その他有力な先生は、今言った滞納処分的の強制徴収はできる、そういう性質の使用料じゃないのじゃないか、そういう説が有力のように聞いております……」と答弁しており、行政法学者の有力な考え方を紹介し、入居決定後の法律関係は民間の賃貸住宅と変わらないと答弁しています。

　また、最判昭和59年12月13日民集38巻12号1411頁は、「事業主体と入居者との間の法律関係は、基本的には私人間の家屋賃貸借関係と異なるところはなく、このことは、法が賃貸（1条、2条）、家賃（1条、2条、12条、13条、14条）等私法上の賃貸借関係に通常用いられる用語を使用して公営住宅の使用関係を律していることからも明らかであるといわなければならない。したがつて、公営住宅の使用関係については、公営住宅法及びこれに基づく条例が特別法として民法及び借家法に優先して適用されるが、法及び条例に特別の定めがない限り、原則として一般法である民法及び借家法の適用があり、その契約関係を規律するについては、信頼関係の法理の適用があるものと解すべきである」として、こういった立場に立って現時点での結論を示したといえます。

　したがって、当該公営住宅を速やかに公募に出すために、法令上の根拠もなく事実上の自力執行（以下「即時強制」といいます）を行っている自治体（平成25年2月17日付け朝日新聞）にならって家財道具等を移動させたり、処分したりすれば、違法な自力救済として法的な責任も問われかねないのです（この点については、令和3年3月5日に大阪高等裁判所により参考となる判決（以下「大阪高裁判決」といいます）が出されましたので、項を改めて解説し、公営住宅への対応の準備を提案します（85頁以下））。

　家賃滞納を理由にアパートから強制的に追い出され、家財道具などを無

断で処分されたとして家賃保証会社に損害賠償を求めた事例において、東京地判平成28年4月13日判時2318号56頁は、家財の撤去は「窃盗罪又は器物損壊罪に処せられるべき行為」としているので注意が必要です。

　一方、最判昭和59年12月13日民集38巻12号1411頁によれば、「公営住宅の使用関係については、公営住宅法及びこれに基づく条例が特別法として民法及び借家法に優先して適用されるが、法及び条例に特別の定めがない限り、原則として一般法である民法及び借家法の適用があ」るとされており、同じような法律関係は同じような法律規制に従うべきだとして、公営住宅を管理する自治体にも自力執行の禁止原則が適用されていますが、法律に特別の定めがあれば自力救済もできる余地があるとも解釈できるのです。しかし、法改正を待っていても、公の営造物を管理している立場としては、市民に対する説明責任を果たすことができません。

　公営住宅が公益性の高い貴重な財産であるからこそ、単身入居者に万が一のことがあっても速やかに整理し、公募できることが住宅セーフティネット機能の維持・向上の観点からも重要です。こういった状況のなかで、単身入居者が死亡した後の残された家財道具等に対する初の対応方針を国土交通省が通知しました。果たして、この国対応方針に基づけば、全国の自治体（公営住宅法2条16号では公営住宅の供給を行う地方公共団体を事業主体と定義していますが、以下「自治体」といいます）は、残された家財道具等を、裁判手続を経ないでも撤去できるのでしょうか。

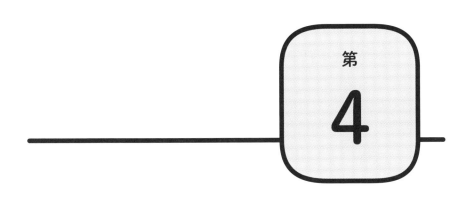

第

4

国土交通省から
対応方針案が通知されたが…

1 自治体が家財道具等の移動を行っている場合の根拠

　国対応方針には「公営住宅における単身入居者の死亡に係る残置物の取扱いに関する調査結果概要」も掲載されており、各自治体における単身入居者が死亡後に残された家財道具等の移動等について、次のように記載されていました。

Q1　単身入居者が死亡し、相続人が判明しない場合に、事業主体としてどのような根拠に基づき住宅内に残っている家財道具等の移動を行っているか。

	回答数	割合
1．条例又は規則に根拠規定を設け家財道具等を移動している。	4	0.2%
2．内規（事務取扱要領等）において取扱方法について規定し、家財道具等を移動している。	13	0.8%
3．条例、規則、取扱要領等に根拠規定を置かず、民法第697条の事務管理の規定に基づき事業主体の判断により家財道具等を移動している。	16	1.0%
4．条例、規則、取扱要領等に根拠規定を置かず、公営住宅法第15条の管理義務の規定に基づき事業主体の判断により家財道具等を移動している。	130	7.8%
5．相続人が判明しない限りは、移動せず、当該住宅内で保管している。	271	16.1%
6．同種の事案は今まで発生しておらず、取扱方法について決まっていない。	1,056	63.0%
7．その他（連帯保証人あるいは保証人等に移動（引取り）を依頼している等）	185	11.0%

無回答	1	0.1%
合計	1,676	100.0%

（出典：国対応方針（なお、国対応方針の中では「家財等」といった用語が使われていますが、本書においては「家財道具等」に修正しています。以下同じです））

2 「条例又は規則に根拠規定を設け家財道具等を移動している」の実態

　大阪府の担当課を通じて「条例又は規則に根拠規定を設け家財道具等を移動している」と回答した自治体を調査したところ、公開を希望しなかった1自治体を除く3自治体が判明しました。早速この3自治体に電話調査を行いましたが、担当者からは、次の表3のとおり内規で処理しているとの回答でした。

　これらの内規は、条例又は規則の中の最後尾で規定している「…必要な事項は、…が別に定める」を根拠としているのでしょうか。しかし、条例の根拠が必要な使用料条例の例を見ても条例で個別具体的に規定することが一般的です。

　例えば、「高知県条例等の立法指針」によれば、条例から規則への委任における留意点として、「規制や給付の対象となる基準、許可等の基準など権利義務に関する中核的な事項は、社会経済情勢等の変更に即応し、機動的に見直しをしなければならない等合理的な理由がある場合を除き、その内容をできる限り条例に直接規定することとします」と解説しており（https://www.pref.kochi.lg.jp/_files/00224048/rippou.pdf）、委任規定をもって条例に根拠を有すると解釈することは、本件ではできないと考えます。

表3　家財道具等を移動している場合の根拠

自治体名	家財道具等の移動の根拠となっている内規の名称
A県	単身者死亡等に伴う明渡届の作成等に係る取扱いについて（平成22年8月1日適用）
B市	無断退去認定事務処理要領（平成19年12月1日施行）
C市	市営住宅の単身者死亡時の住宅処理要領（担当者に電話で確認したところ20年以上前から実施しているとのことだが実施日は不明）

（出典：電話調査により筆者作成）

3　自治体の内規等に基づく撤去について

　家財道具等の移動を条例ではなく、内規等を根拠に行っている自治体では、移動を強制措置ではなく入居者の相続人等に対するサービス行政の性質を持つものと解しているのかもしれません。

　特に「条例、規則、取扱要領等に根拠規定を置かず、民法697条の事務管理の規定に基づき事業主体の判断により家財道具等を移動している」と事務管理論を前面に掲げる自治体もありました。しかし、基本的な法律関係は、民事上の使用関係と同じ法律規制に従うべきであるとする考え方からは、前述の東京地裁の裁判例（東京地判平成28年4月13日では、家財の処分は「窃盗罪又は器物損壊罪に処せられるべき行為」に当たるとしています）を見ても犯罪行為等とされる可能性を否定できず、相続人等に代わって家財道具等の移動を自治体が代行しているのだという「事務管理」的な発想は、楽観的に過ぎるのではないでしょうか。

民法（明治29年法律89号）

（事務管理）

第697条　義務なく他人のために事務の管理を始めた者（以下この章において「管理者」という。）は、その事務の性質に従い、最も本人の利益に適合する方法によって、その事務の管理（以下「事務管理」という。）をしなければならない。

2　　管理者は、本人の意思を知っているとき、又はこれを推知することができるときは、その意思に従って事務管理をしなければならない。

公営住宅法

（管理義務）

第15条　事業主体は、常に公営住宅及び共同施設の状況に留意し、その管理を適正かつ合理的に行うように努めなければならない。

　また、公営住宅法15条の管理義務の規定を根拠として即時強制している自治体が130団体もありましたが、果たして、同条は根拠規定となり得るのでしょうか。同条の「事業主体は、常に公営住宅及び共同施設の状況に留意し、その管理を適正かつ合理的に行うように努めなければならない」との規定は、昭和34年に公営住宅法の改正により新設されて以来、改正されていません。そこで、衆議院建設委員会での質疑応答を確認したところ、当時、入居者が勝手に他の人を入れたり、商売等の店舗に使うことが、まれではあったが、黙認の形で、公然と行われていたことが背景なのか（昭和34年3月17日衆議院建設委員会）、当時の住宅局長の逐条説明では、「従来ややもすればなおざりにされがちであった公営住宅の管理につきまして、事業主体は積極的にその適正かつ合理的な運営を行うように努めなければならないことといたしました」と説明されていました（昭和34年3月10日衆議院建設委員会）。少なくとも単身入居者死亡後に放置されたままの家財道具等を、速やかに移動させなければならないような立法事実が当時あったわけではなかったのです。こうした事情に照らしてみても、公営住宅法15条の管理義務の規定を根拠として、自治体が即時強制できると解釈するこ

とは困難です。

　以上、分析してきたように、事実上の即時強制を行っていることになりますが、即時強制のためには条例上の根拠が欠かせません。全国市長会分権時代の都市自治体のあり方に関する検討会「分権時代の都市自治体のあり方について」18頁（平成17年6月6日）に、「違法に放置された自動車・船舶等の撤去・除去について独自の条例で規定することは、即時強制という位置付けをもって一般的には可能とされている」とありますように、即時強制は、原則として条例の根拠があれば可能と解釈されているのです（http://www.bunken.nga.gr.jp/data/sanmi/170606.pdf）。

　したがって、条例の根拠もないなかで即時強制を続けていく限り、関係者が現れたときに法的な責任問題が心配になります。

　また、大阪府では、平成27年7月に府内市町村の住宅部門の職員を対象に、研修「先進事例　単身入居者の死亡に係る明渡訴訟について」（大阪府堺市）を実施しています。研修の内容としては、相続財産管理人制度を利用することなく、比較的簡易で安価な特別代理人制度を使って放置されたままの家財道具等を撤去する手法の紹介でした。そこで、A市でも、当該研修を参考に訴えを提起し、特別代理人との間で裁判上の和解（A市顧問弁護士による案）を経て、短期間で比較的安価に解決することができました。このように、特別代理人との間で訴訟行為を行うこと等で、比較的安価に早く家財道具等の撤去もできることから、同様のことを行うことはできなくなったと考えるべきです（大阪高裁判決を参考にして条例を根拠に市営住宅への応用を提案する部分は、項を改めて説明します（85頁以下））。

4 対応方針案で残された家財道具を撤去できるか

国対応方針の別添2「公営住宅における単身入居者死亡後の残置物への

対応方針（案）」には、「1　趣旨」、「2　残置物の確認、清掃等」、「3　相続人等が明らかな場合の残置物への対応」、「4　相続人等が明らかでない場合の残置物への対応」、「5　見守りサービス等の提供」及び「※留意点」が示されています。果たしてマスコミ報道のように（既述のように、2017年4月27日付け読売新聞には「相続人同意なしでも容認」と記載されていました）、自治体が裁判所での手続を経ることなく、公営住宅内に放置されたままの家財道具等を撤去できるのでしょうか。そこで、次の別添2の「1　趣旨」から「※留意点」までに基づいて、自治体が移動し、保管し、処分できるかについて、それぞれの検討を行います。

別添2

公営住宅における単身入居者死亡後の残置物への対応方針（案）

1　趣旨
　本対応方針は、公営住宅において単身入居者がその住宅に家財等を残置したまま死亡する事案が発生した際に、公営住宅に残置された家財等（以下「残置物」という。）について、相続人等の財産権を侵害しないように留意しつつ、公営住宅の適切かつ合理的な管理を図るため、残置物の確認、清掃、移動、保管等に関する対応方針を定めるものである。

2　残置物の確認、清掃等
　単身入居者の死亡後の住宅については、公営住宅法（昭和26年法律第193号。以下「法」という。）第27条第6項の規定により、その使用を承継する入居者は存在しないため、ご遺族、相続人等の感情に配慮し、また、相続人等の財産権を侵害しないように留意しつつ、法第15条の規定にのっとり、公営住宅の管理を適正かつ合理的に実施するため、速やかに、残置物の確認、清掃等を行うよう努めるものとする。

3　相続人等が明らかな場合の残置物への対応
　残置物は、あらかじめ、第三者に死因贈与（民法第554条）の契約がなされている場合、所有権放棄の同意がなされている場合等を除き、民法

（明治29年法律第89号）第896条の規定により、相続人が所有することになるため、法第15条の規定にのっとり、公営住宅の管理を適正かつ合理的に実施する必要から、速やかに相続人と連絡を取り、残置物の移動、処分等を要請するものとする。

4　相続人等が明らかでない場合の残置物への対応

　　相続人のあることが明らかでない場合についても、法第15条の規定にのっとり、公営住宅の管理を適正かつ合理的に実施するため、残置物の移動等により、速やかに、公営住宅の本来の用途に供することができるよう努めるものとする。

⑴　事業主体等による残置物の移動

　　事業主体等において、民法第5編第6章の規定による相続財産管理人の選任がなされる前に残置物を移動する必要が生じたときは、財産権を侵害しないように留意しつつ、民法第3編第3章の規定による事務管理に関する規定の趣旨を踏まえ、適切に移動を行うものとする。

⑵　事業主体等による残置物の分別

　　事業主体等において、残置物を移動、保管等する場合には、相続人等に将来的に求償する可能性がある費用がいたずらに増加しないよう、当該住宅における保管期間の短縮、残置物の分別（換価性があるもの、一身専属的なものその他の保管すべきもの又は生活ゴミその他の廃棄すべきものとに分別）により、移動費用及び保管費用の低減を図るものとする。

⑶　事業主体等による残置物の移動後の保管

　　事業主体等による残置物の移動後の保管場所については、入居者の募集を行っていない公営住宅の空室、公共施設の空きスペースの活用等により、相続人等に将来的に求償する可能性がある費用がいたずらに増加しないよう、保管費用の低減に努めるものとする。

5　見守りサービス等の提供

　　単身高齢者等の単身入居者が住宅内において単独で死亡する事案を事前に防ぐため、住宅確保要配慮者に対する賃貸住宅の供給の促進に関する法律（平成19年法律第112号）の規定による居住支援協議会の構成員、福祉部局等と連携して見守りサービス等を提供するよう努めるものとす

る。

※　留意点

　(1)　本対応方針は、法、民法、公営住宅管理条例に定めるもののほか、必要な事項を定めるものであること。

　(2)　単身入居者の死亡後の公営住宅に係る返還手続き、公営住宅から移動した残置物を保管後に処分する手続き、残置物の移動等に係る費用の償還請求の手続き等についても、地域の実情、これまでの運用等を踏まえ、各事業主体において、適切に定めておくことが望ましいこと。

　(3)　上記4により、事業主体等において、残置物を分別し、移動等する際には、次の事項に留意すること。

　　①　複数の職員により、残置物に関する目録を作成、写真撮影等を行い、残置物の分別等の記録を残しておくことが望ましいこと。

　　②　残置物のうち一身専属的なものの判断をより適切に行うため、当該単身入居者の事情等を知る自治会役員、管理人、連帯保証人等の立会いのもとで行うことが望ましいこと。

　　③　残置物の移動等に関する費用を将来的に連帯保証人に求償する予定がある場合には、連帯保証人に経過を連絡し、立会いを求めることが望ましいこと。

（出典：国対応方針）

(1)　「1　趣旨」

　「1　趣旨」には、「相続人等の財産権を侵害しないように留意しつつ、公営住宅の適切かつ合理的な管理を図るため、残置物の確認、清掃、移動、保管等に関する対応方針を定める」とありますが、そもそもどういった根拠に基づいて「残置物」を移動することができるのでしょうか。残置物の確認については、最判平成2年10月18日民集44巻7号1021頁により、単身入居者死亡により、賃貸借契約は当然に終了しているため、どの程度の残置物があるかを管理者として把握することは、事実行為としてできると思われますが、相続人の有無にかかわらず「残置物の移動」ができるのでし

ょうか。

　一般的に残置物そのものは相続人が相続します。そして、残置物を通じて部屋を占有しているのであり、「私力の行使は原則として法の禁止するところであるが、法律に定める手続によつたのでは、権利に対する違法な侵害に対抗して現状を維持することが不可能又は著しく困難であると認められる緊急やむを得ない特別の事情が存する場合においてのみ、その必要の限度を超えない範囲内で、例外的に許される」との最判昭和40年12月７日民集19巻９号2101頁や、即時強制に関する通説的な見解に基づけば、「残置物の確認」までは可能であるとしても、条例に明確な根拠もなく、即時強制として「残置物の移動」をすることは、許されないと考えるべきです。

(2)　「２　残置物の確認、清掃等」

　「２　残置物の確認、清掃等」には、「単身入居者の死亡後の住宅については、公営住宅法…の規定により、その使用を承継する入居者は存在しないため…法第15条の規定にのっとり、公営住宅の管理を適正かつ合理的に実施するため、速やかに、残置物の確認、清掃等を行うよう努めるものとする」とあり、公営住宅法15条を根拠として、自治体が即時強制で残置物を移動し、清掃等を行うことができるようにも読めますが、相続財産管理人を選任した上で、又は相続人に清掃等をさせるように努めることとも読めます。前述（25頁以下）のように同法15条は即時強制の根拠とはなり得ないのであり、そうすると法治主義の我が国において、自力救済は禁止されているのですから、後者（法令上の手続を行います）のように解釈することが普通ではないでしょうか。

(3)　「３　相続人等が明らかな場合の残置物への対応」

　「３　相続人等が明らかな場合の残置物への対応」に記載されているような対応は、各自治体で既に行っており何ら対応方針にはなりません。例えば、A市で行っているような施策によらなければ（死因贈与契約の受贈者か

らの所有権放棄については59頁以下で詳述します)、相続人調査に時間を要するため、また、相続人が判明しても協力的でない場合には、裁判手続等の法的手段によらざるを得ず、膨大な時間と費用がかかるばかりか、その間、住宅セーフティネットでもある市営住宅を公募に出すこともできないのです。

　また、仮にA市のような施策を行っても、受贈者が入居者よりも早く亡くなれば同じような問題が起こるため、根本的な解決にはつながりません。

⑷　「4　相続人等が明らかでない場合の残置物への対応」

　「4　相続人等が明らかでない場合の残置物への対応」では、「相続人のあることが明らかでない場合についても、法第15条の規定にのっとり、公営住宅の管理を適正かつ合理的に実施するため、残置物の移動等により、速やかに、公営住宅の本来の用途に供することができるよう努めるものとする」とありますが、同法15条が即時強制の根拠となり得ないことは既に述べました。そのため、残置物を移動・保管しようとすれば、少なくとも条例上に明確な即時強制の根拠規定が必要であることは、26頁で検討したとおりです。

　また、「事業主体等において、民法第5編第6章の規定による相続財産管理人の選任がなされる前に残置物を移動する必要が生じたときは、財産権を侵害しないように留意しつつ、民法第3編第3章の規定による事務管理に関する規定の趣旨を踏まえ、適切に移動を行うものとする」ともありますので、検討していきます。

　「相続財産管理人の選任がなされる前に残置物を移動する必要が生じたとき」とありますが、どのようなときなのでしょうか。A市では、特別代理人の選任を受訴裁判所の裁判長に申し立てて、認められています。そして、裁判上の和解を経て、A市自らが移動し、処分しました。法治主義の観点から、自力救済はできないと判断したからです。このような立場から上記を読むと、裁判所の利用を経ることが適切に移動を行うことになるとも解

釈できるのです。

　結局、この規定に基づいて、裁判所を通じることなく移動できるとは断定できないのです。そして最高裁判所の判例（最判昭和59年12月13日民集38巻12号1411頁）によれば、公営住宅法及びこれに基づく条例に特別の定めがなければ、民間の家屋賃貸借契約と変わらないのですから、同法15条が根拠規定にならないと考えるなかでは、少なくとも条例に根拠規定がなければ、即時強制は現時点では困難と考えざるを得ません。

　また、行政法学者の有力な説では、行政による民法の規定に基づく事務管理には否定的です（北村喜宣「行政による事務管理㈠～㈢」自治研究91巻3～5号）。行政の活動を理由として、自力救済と変わらないことを民法の規定に基づく事務管理であると論じることによって正当化できるのであれば、そもそもこのような国対応方針は必要ないと思われます。

　次に、「事業主体等において、残置物を移動、保管等する場合には、相続人等に将来的に求償する可能性がある費用がいたずらに増加しないよう、当該住宅における保管期間の短縮、残置物の分別（換価性があるもの、一身専属的なものその他の保管すべきもの又は生活ゴミその他の廃棄すべきものとに分別）により、移動費用及び保管費用の低減を図るものとする」と「事業主体等による残置物の移動後の保管場所については、入居者の募集を行っていない公営住宅の空室、公共施設の空きスペースの活用等により、相続人等に将来的に求償する可能性がある費用がいたずらに増加しないよう、保管費用の低減に努めるものとする」との規定については、そもそも家財道具等の移動の根拠法令がないなかでは、前提を欠いた議論といわざるを得ません。

　なお、「5　見守りサービス等の提供」については、本書の対象として検討していません。

⑸　「※留意点」

　留意点⑴については、そもそも家財道具等の移動の根拠となるべき法令

を作らずに必要な事項を定められるのか疑問です。

　留意点(2)については、例えば、A市営住宅における単身入居者死亡後の市営住宅の返還手続については、現行の法令でできる「入居者と縁のある者との間」の「死因贈与契約」により担保しています。しかし、入居者よりも早く受贈者が死亡したりすることも考えられ、根本的な解決にはならないのです。何よりも即時強制のための法令の根拠もなく移動、保管、処分しておいて費用償還といっても説得力に欠けるのではないでしょうか。この点につきましては、大阪高裁判決を参考とした施策について項を改めた上で提案していきます（85頁以下）。

　留意点(3)については、具体的な事務手順を示していますが、そもそも、残置物を分別し、移動等するためには、少なくとも条例上の明確な根拠規定が必要ですが、全国調査のなかではそのように規定している自治体はなく、また、それを補うための根拠法令もないので、この議論は前提を欠いているというほかありません。なお、この点につきましても項を改めて提案していきます（84頁以下）。

5　国対応方針では取扱方法を決めることができない

　ここまで、国対応方針で明らかになった自治体の対応状況を検証するとともに、国対応方針は、自治体における残された家財道具等を撤去するための根拠となり得るのか、残された家財道具等を裁判手続なしで撤去できるのかについて検討を行ってきました。しかし、国対応方針には、裁判上の手続を経ることなく家財道具等の移動ができるという明確な法的根拠が示されておらず、この通知を根拠にして、自治体が即時強制等により移動し、及び保管できると断定することはできませんでした。結局、国対応方針によっても自治体は取扱方法を決めることができず、「相続人が判明しな

い限りは、移動せず、当該住宅内で保管している」と回答した自治体が最も多いように、今後においてもそのまま放置してしまうことが予想されるのです。

また、国対応方針は、単身入居者死亡後の残置物への対応のみであり、入居者が失踪した場合の残置物への対応等には触れていません。

国対応方針に添付されている「公営住宅における単身入居者死亡後の残置物への対応方針（案）に係る参考事例」については、全国の自治体の苦悩の結果としての知恵が垣間見られ参考になりますが、既述のように「事務管理」の論法に議論があるなかにおいて、また、即時強制の根拠法もないなかで続けていく限り法的責任を問われかねず、相当な覚悟と調査の下に行う必要があるでしょう。

第

5

身寄りのない単身入居者が
死亡後に残した
家財道具等の処分について

自治体には現行の法令に基づき、公の施設としての公営住宅の管理を適切かつ合理的に行う義務があります（公営住宅法15条、住宅地区改良法29条１項）。

公営住宅法
　（管理義務）
第15条　事業主体は、常に公営住宅及び共同施設の状況に留意し、その管理を適正かつ合理的に行うように努めなければならない。

住宅地区改良法
　（国の補助に係る改良住宅の管理及び処分）
第29条　第27条第２項の規定により国の補助を受けて建設された改良住宅の管理及び処分については、第３項に定めるもののほか、改良住宅を公営住宅法に規定する公営住宅とみなして、同法第15条、第18条から第24条まで、第25条第１項、第27条第１項から第４項まで、第32条第１項及び第２項、第33条、第34条、第44条、第46条並びに第48条の規定を準用する。ただし、同法第22条から第24条まで及び第25条第１項の規定は、第18条の規定により改良住宅に入居させるべき者が入居せず、又は居住しなくなつた場合に限る。

　一方で、裁判手続を経て家財道具等を処分するには、その手続等に多額の公費支出と時間を伴うことになります。このため、より少ない経費で、かつ、法令に則って迅速に解決できる手法が求められるのです。
　そこでこの項では、A市において実際にあった事例や当該事例を通じて新たな市営住宅管理上の取組みを始めたこと及びそこで明らかとなってきた問題点等を検討することにより、現状でもできる公営住宅の適切かつ合理的な管理方法について検討を行っていきます。

1　A市における事例（裁判上の和解）

⑴　裁判上の和解

　単身入居者が死亡後、市営住宅内に残された家財道具等を「亡何某相続財産」として、その撤去を求める訴えを提起し、同時に特別代理人の選任申立書「遅滞のため損害を受けることを疎明したもの」（亡何某には相続人が明らかではないということを戸籍謄本等で証明し、亡何某には相続人があることが明らかでなく、かかる状況では事件が進行しないので特別代理人を選任されたい旨を記載）を提出して特別代理人を選任してもらい、同人と訴訟行為を行うことにしました（既述のように大阪府堺市の先進事例に基づいて「相続人不分明による相続財産法人に代表者がなければ、利害関係人は民法1052条（現行法では952条）により裁判所に管理人選任を請求し得るが、このことは、その選任を待てない事由ある者が相続財産法人に対し訴えを提起するに際し本条による特別代理人選任を申請することを妨げない」（大決昭和5年6月28日民集9巻640頁）を根拠に、特別代理人を選任してもらい同人を相手にして明渡請求を行いました）。

　しかし、訴訟とは攻撃と防御を繰り返すものです（民事訴訟法156～157条の2）。市営住宅は住宅セーフティネットの機能も有するため直ちに公募する必要性がありますが（自治体としては家財道具等を撤去してほしいだけなのです）、特別代理人はいったい何を争うというのでしょうか。

民法
　（相続財産法人の成立）
第951条　相続人のあることが明らかでないときは、相続財産は、法人とする。
　（相続財産の管理人の選任）
第952条　前条の場合には、家庭裁判所は、利害関係人又は検察官の請求によって、相続財産の管理人を選任しなければならない。
2　前項の規定により相続財産の管理人を選任したときは、家庭裁判所は、遅滞なくこれを公告しなければならない。

民事訴訟法（平成8年法律109号）
　（特別代理人）
第35条　法定代理人がない場合又は法定代理人が代理権を行うことができない場合において、未成年者又は成年被後見人に対し訴訟行為をしようとする者は、

遅滞のため損害を受けるおそれがあることを疎明して、受訴裁判所の裁判長に特別代理人の選任を申し立てることができる。

（攻撃防御方法の提出時期）

第156条　攻撃又は防御の方法は、訴訟の進行状況に応じ適切な時期に提出しなければならない。

（時機に後れた攻撃防御方法の却下等）

第157条　当事者が故意又は重大な過失により時機に後れて提出した攻撃又は防御の方法について、これにより訴訟の完結を遅延させることとなると認めたときは、裁判所は、申立てにより又は職権で、却下の決定をすることができる。

（審理の計画が定められている場合の攻撃防御方法の却下）

第157条の2　第147条の3第3項又は第156条の2（第170条第5項において準用する場合を含む。）の規定により特定の事項についての攻撃又は防御の方法を提出すべき期間が定められている場合において、当事者がその期間の経過後に提出した攻撃又は防御の方法については、これにより審理の計画に従った訴訟手続の進行に著しい支障を生ずるおそれがあると認めたときは、裁判所は、申立てにより又は職権で、却下の決定をすることができる。ただし、その当事者がその期間内に当該攻撃又は防御の方法を提出することができなかったことについて相当の理由があることを疎明したときは、この限りでない。

次のような上申書を提出して、裁判上の和解を求めることにしました。

ア　上申書の概要

　明渡しの対象となっている本件建物は市営住宅であるところ、家賃が低廉なため入居希望者が非常に多く、また、そういった方々の住宅セーフティネットの役割をも担っている。

　一方で、市営住宅は期限の定めのない賃貸住宅でもあるため、一度入居すると亡くなるまでそのまま居住する方が多い。そのため、市営住宅の空き部屋は限定されており、この点で本件建物は住宅セーフティネットとしての貴重な財産である。

　こうした実態に鑑み、本件建物をいち早く公募する必要がある。原告は平成○年○月○日〜同月○日に市営住宅入居の公募を行うが、本件建物を当該公募の対象にするためには平成○年○月中には本件建物の明渡しを受ける必要がある。すなわち、当該公募によって当選した住民に本件建物に

入居していただくのは平成○年○月下旬頃を予定しているが、そのために
は風呂釜の取替え等の内装を整える必要があり、これには速やかに業者に
委託をしても3か月程度を要する見込みである。よって、和解条項案のと
おり、和解によって終了させていただきたいと考えている。

（出典：筆者作成）

イ　上申書提出の効果

　結果として相続財産法人の特別代理人との間で、第1回の口頭弁論期日
に裁判上の和解が成立しました。

　死亡者が日本人と在日韓国人の2名であったため、以下に、日本人の場
合と在日韓国人の場合とに分けて、訴状提出から和解に至るまでの過程を
紹介しますので、参考としていただければと思います。

	訴状の提出日	選任命令の日	答弁書での特別代理人の主張	第1回口頭弁論期日（和解の日）
日本人の相続財産	平成28年3月4日	平成28年3月28日	原告の請求を棄却する、訴訟費用は原告の負担とするとの判決を求める。原告の請求の原因は知らない、請求の原因は争うとの主張。	平成28年4月22日
在日韓国人の相続財産	平成28年3月11日	平成28年3月31日	原告の請求を棄却する、訴訟費用は原告の負担とするとの判決を求める。原告の請求の原因は知らない等との主張。	平成28年5月11日

（出典：筆者作成）

⑵ 裁判上の和解に伴う効果等

ア　終局判決を債務名義として強制執行に臨み、執行官が使う専門の執行業者を使うことがなかったので、より安く家財道具の撤去をすることができました。

具体的に説明すれば、執行官が執行補助者として使う業者の費用は債権者であるＡ市が負担することになりますが、その費用としては、家屋明渡しの強制執行の前提である催告時に催告立会人人件費及び解鍵技術者費用が発生するばかりか、強制執行（断行とも呼ばれています）時には、作業員、レンタカー（怨恨を避けるため会社名の入った車は使わないことがあります）、梱包資材、ガソリン代、断行補助費用、解鍵・交換代等の費用が別に発生するのです。しかし、Ａ市が独自に行うことで催告立会人費用（業者の見積りでは１件につき25,000～30,000円）や解鍵技術者費用（業者の見積りでは１件につき20,000円）等の発生がないため、より少ない費用で家財道具の撤去が可能になりました。

イ　時間的にもすばやく対応できたことによって、２か月後には市営住宅として空き家公募することができました。

ウ　裁判上の和解を行うためには、さらに弁護士費用等を支出しなければなりません。多額の公費を投入している市営住宅にさらに公費を投入することに市民の理解を得られるのかという課題が残ります。

2 相続財産管理人の選任についての考察

一般的に100万円以上の現金があることが判明している場合であれば、相続財産管理人の選任申立てを行う自治体もあります。例えば、平成25年２月17日付け朝日新聞によれば、大阪市の場合、遺品に100万円以上の価値があれば、相続財産管理人の選任を申し立てて処理しています。しかし、相続財産管理人の選任に際しては、相続人のあることが明らかでないことを

疎明した後に、さらに長期間の公告期間が必要なこと（相続財産管理人選任の公告→2か月経過→債権者・受遺者を確認するための公告→2か月経過→相続人を捜すための公告→6か月以上経過→期間満了までに相続人が現れなければ相続人がいないことが確定します。相続人があることが明らかでないことを調べるのに、被相続人の本籍地等の事情によっては半年以上かかることもあり、公告期間と合わせると1年半もの期間がかかります）や既述のように予納金（100万円程度）の納付が必要といった問題があるのです（17頁参照）。この間、長期間にわたり当該部屋を公募できないことや予納金を回収できない可能性の方が高いといったことを考えれば、相続財産管理人の選任申立てには慎重な判断が求められます。

　少なくともA市においては、特別代理人との間で裁判上の和解が成立し、強制執行の手続を経ることなく比較的安価に当該家財道具等を撤去したという先例に照らして、予納金回収の目処もなく相続財産管理人の選任を行えば、住民監査請求される可能性も否定できないでしょう。したがって、例えば100万円以上の資産がないようなケースであれば、「訴え提起の件」を議案として提案し、議決を経て受訴裁判所の裁判長に特別代理人の選任申立てを行うことが必要です。その後、市営住宅の公益性などを記載した上申書を提出し、和解を目指すのです。この場合における市議会への議案は、特別代理人も自治体側と訴えの内容について争う場合が通常であること（39頁の「イ　上申書提出の効果」中の表参照）から「訴え提起の件」として提案し、当該議案の中で和解も含めた包括授権規定を記載しておくことが実務上の工夫となります（ちょっと確認！）。

議決事項の工夫

　昨今においては、地方自治法の改正も手伝い、通年議会に移行しているため必要なときに議案を提案することも可能となりました。

しかし、365日を通年議会（以下「通年会期制」といいます）としている議会は全国813市（東京23特別区を含みます）中にわずかに３市だけです（『市議会の活動に関する実態調査結果　平成27年度（平成26年１月１日〜12月31日）』（全国市議会議長会、2015））。このため、通年会期制としていない場合や、また、通年会期制としている場合にも、地方自治法上、議員の任期が満了したとき、議会が解散されたとき又は議員が全ていなくなったときは、その任期満了の日、その解散の日又はその議員が全ていなくなった日をもって終了するため、当該日と重なった場合には同様のことが起きます。このため、当初議案の中で和解も含めた包括授権規定を記載しておくことが実務上求められます。

　なお、自治体によっては専決処分条例（地方自治法（以下「地自法」といいます）180条１項）において長の専決に委ねているところもあります（ちょっと確認！）。その場合は、事案に応じて使い分ければよいので柔軟に対応できるメリットが執行機関サイドにはあります。

ちょっと
確認！　**専決処分とは？**

　専決処分には２種類あります（地自法179条・180条）。
　野村稔『議員・職員のための議会運営の実際12』１頁（自治日報社、1996）には、「議会は議決機関として、長は執行機関として、それぞれの権限に基づき活動します。しかし、議会は常時活動するものでなく会期に制約されますので、早急な意思決定をできないことがあります。…当該団体の行政の停滞と混乱を解決する方法として、…専決処分（179、180）、…の制度を設けています」と説明されてい

ます。すなわち、自治体としての意思決定の主要なものには、議会の議決が必要ですが（地自法96条）、この例外を認めて長限りで処分することを認めていることになります。

　また、2種類ある専決処分のうち地自法179条では、①議会が成立しないとき、②同法113条ただし書の場合になお会議を開くことができないとき、③議決事件について特に緊急を要するため議会を招集する時間的余裕がないことが明らかであると認めるとき、④議会が議決すべき事件を議決しないときは長において議決すべき事件を処理できるとされています（次の会議で報告し、その承認を求める専決処分）。ただし、いずれも副市長等の選任同意の件についてはこの限りではないと明記されています。

　また、地自法180条は軽易な事件で議会の議決によりとくに長に権限を委任した事件をいいます（委任による専決処分）。

　委任による専決処分には、例えば、一定金額以下の損害賠償、和解、契約の変更等がありますが、この金額については社会経済情勢の変動に応じて随時見直すことが必要との見解が、野村稔『議員・職員のための議会運営の実際18』10頁（自治日報社、2003）に示されています。

　また、同法179条に規定する専決処分を行うに際しては、「…戦後約50年を経た現在、交通、通信は飛躍的な変化をとげました。『議会を招集する暇がないと認めるとき』は、災害などで交通不能となった場合などを除き該当しなくなりました…」と長の専決処分に委ねるのではなく、臨時会を招集して議決すべきであることを議会活性化のための改革事項として提案しています。

地方自治法（昭和22年法律67号）
第96条　普通地方公共団体の議会は、次に掲げる事件を議決しなければならない。
　一　条例を設け又は改廃すること。

二　予算を定めること。

三　決算を認定すること。

四　法律又はこれに基づく政令に規定するものを除くほか、地方税の賦課徴収又は分担金、使用料、加入金若しくは手数料の徴収に関すること。

五　その種類及び金額について政令で定める基準に従い条例で定める契約を締結すること。

六　条例で定める場合を除くほか、財産を交換し、出資の目的とし、若しくは支払手段として使用し、又は適正な対価なくしてこれを譲渡し、若しくは貸し付けること。

七　不動産を信託すること。

八　前2号に定めるものを除くほか、その種類及び金額について政令で定める基準に従い条例で定める財産の取得又は処分をすること。

九　負担付きの寄附又は贈与を受けること。

十　法律若しくはこれに基づく政令又は条例に特別の定めがある場合を除くほか、権利を放棄すること。

十一　条例で定める重要な公の施設につき条例で定める長期かつ独占的な利用をさせること。

十二〜十五　（略）

第179条　普通地方公共団体の議会が成立しないとき、第113条ただし書の場合においてなお会議を開くことができないとき、普通地方公共団体の長において議会の議決すべき事件について特に緊急を要するため議会を招集する時間的余裕がないことが明らかであると認めるとき、又は議会において議決すべき事件を議決しないときは、当該普通地方公共団体の長は、その議決すべき事件を処分することができる。ただし、第162条の規定による副知事又は副市町村長の選任の同意及び第252条の20の2第4項の規定による第252条の19第1項に規定する指定都市の総合区長の選任の同意については、この限りでない。

②　議会の決定すべき事件に関しては、前項の例による。

第180条　普通地方公共団体の議会の権限に属する軽易な事項で、その議決により特に指定したものは、普通地方公共団体の長において、これを専決処分にすることができる。

3　相続人の調査等について

残された家財道具等を撤去してもらう（場合によっては滞納家賃を支払っ

てもらう）ために相続人の調査を行い、相続放棄や限定承認をした者を除く相続人と交渉手続に入ることになります。それでは、裁判手続を前提として残された家財道具等を撤去しようとすれば、どの程度の手間と時間がかかるのでしょうか。

　一定の期間、住宅セーフティネット機能が果たせないという現状を読者の皆さんに認識してもらうためにも、具体的な事務手続に膨大な時間と労力がかかることを知ってもらう必要があります。そこで、以下Ａ市で現に行っている事務や訴訟時において行った事務を一般化した上で「相続人の調査方法」、「相続人の調査に係る時間」、「相続人との交渉」及び、たまたまではありますが、在日韓国人の事例もありましたので、「在日韓国籍の相続人調査」についても、参考までに具体的に説明させていただきます。

(1)　相続人の調査方法

　既に死亡している入居者の相続人や保証人（死亡している場合）の相続人調査（外国籍の者を除きます）を次の要領で行います。

ア　住民票又は除票の写しの交付申請

　死亡した入居者や保証人（死亡している場合）の居住地の市町村に対し、住民票又は除票の写しの交付申請を行います。

イ　出生から死亡日までの連続した戸籍を全て集める

　アで判明した本籍地の市町村に対し、戸籍謄本、除籍謄本、改正原戸籍謄本又は戸籍の附票の交付申請を行い、死亡した入居者や保証人（死亡している場合）の出生から死亡日までの連続した戸籍を全て集めます。なお、戸籍の種類は次の(ア)から(エ)までのとおりであり、死亡した入居者や保証人（死亡している場合）の状況により、何が必要か判断しなければなりません。

(ア)　戸籍謄本

　戸籍に記載されている者全員の身分事項を証明するものです。戸籍は夫

婦と未婚の子によって構成されています。夫婦と未婚の子が二人であれば、その4人全員の身分事項を証明するものが戸籍謄本になります（例えば、姫路市ホームページ「http://www.city.himeji.lg.jp/info/faq/detail.html?faqId=2189」参照）。

(イ)　除籍謄本

戸籍に記載されている者が、婚姻や養子縁組、死亡等でその戸籍から除籍されていき、全部の者が除籍されたとき、又は他の市区町村への転籍によって、戸籍は除籍になります。古い戸籍に記載された内容の証明が必要な場合、除籍謄本（除かれた戸籍の全部事項証明書）が必要となります（例えば、神戸市ホームページ「http://www.city.kobe.lg.jp/life/registration/shomeisho/12_joseki.html」参照）。

(ウ)　改製原戸籍謄本

改製原戸籍（正式には「かいせいげんこせき」と読みますが、「かいせいはらこせき」・「はらこせき」とも呼ばれています）は、戸籍法改正により戸籍の改製（作り直し）が行われた際の、改製される前の古い戸籍のことをいいます。戸籍の改製は今までに何度か行われていますが、例えば、A市の場合最近の改製は、平成17年10月8日に行っており、戸籍のコンピュータ化がされています。平成17年10月7日以前に死亡や婚姻等で該当の戸籍から抹消されている者については、改製により作られた新しい戸籍には記載されていません。そのため、平成17年10月7日以前の内容が必要な場合は、改製原戸籍（コンピュータ化以前の戸籍）が必要になります。

(エ)　戸籍の附票

戸籍の附票とは、その戸籍に記載されている者の住所の履歴を記載したものです。ただし、転籍や婚姻等で新たに戸籍を作った場合は、新しい戸籍の作成時以降の住所の履歴しか記載されません。例えば、A市では、戸籍のコンピュータ化に伴い、平成17年10月8日に戸籍の改製（戸籍の作り直し）を行っています。そのため、平成17年10月7日以前の住所の履歴が必要な場合は、改製原戸籍（コンピュータ化以前の戸籍）の附票が必要になり

ます。なお、戸籍の附票は本籍地の市町村役場でしか発行できません。

ウ　相続関係説明図の作成

　イから死亡した入居者や保証人（死亡している場合）の出生から死亡日までの戸籍を見て誰が相続人であるのかを調べ、法定相続情報一覧図（法務省ホームページの様式及び記載例「http://houmukyoku.moj.go.jp/homu/page7_000015.html」参照）を作成します。

(2)　相続人の調査に係る時間

　死亡した入居者や保証人（死亡している場合）の住所及び本籍が当該市営住宅所在市内にあれば、数日で調査は完了します。しかし、市外にあるときは、郵送でのやり取りとなることからその分の日数を要します。そして、相続人が判明すれば、相続関係説明図を作成して、交渉すべき相続人を絞り込む必要があります。

　相続人とは、基本的に文書送付を契機とした問合せに基づき交渉することになりますが、相続放棄等をしている旨の主張があるときは、その真偽も確認しなければなりません。具体的には、被相続人の最後の住所地の家庭裁判所に自己のために相続の開始があったことを知ったときから3か月以内に相続放棄の申述をすることが必要なため、当該相続人からの相続放棄申述受理証明書で確認します。しかし、協力を得られないときは、被相続人の最後の住所地の家庭裁判所に債権者として相続放棄申述受理証明書を請求し、確認することになります。以下の裁判所のホームページで確認できます。

「相続放棄申述受理証明書の申請について（利害関係人申請用）」
(http://www.courts.go.jp/osaka/vcms_lf/f0084-2.pdf)
「「相続放棄・限定承認の申述の有無等の照会」について」
(http://www.courts.go.jp/osaka/vcms_lf/f0087-3.pdf)

相続人の調査には、被相続人の配偶者と子どもを調査することでほぼ確定しますが、配偶者がいなかったり、子どもがいなかったりした場合には、相続人が直系尊属である親になったり、孫が代襲して相続人になることもあります（民法887条・890条）。こういったことを戸籍謄本等で調べていくのですが、それらの者が市外在住者や海外居住者であった場合には、さらに郵送時間がかかるためそのための時間が別に必要となります。

　海外居住の事実は、その者の戸籍の附票で分かりますが、国名までしか記載されていないため、外務省に所在調査を依頼することになります。しかし、外務省のホームページによれば、その者の海外における所在又は存否の事実を証明するものではなく、また、回答までに数か月かかることもあることが記載されています（http://www.mofa.go.jp/mofaj/toko/todoke/shozai/index.html）。

　このようにケースバイケースということもありますが、調査に数か月かかることもあるというのが現状なのです。

(3)　相続人との交渉

　相続人が判明しても、当該相続人が相続放棄をしていたり、限定承認をしていたりした場合には、残された家財道具等の撤去をほぼ請求できません。また、判明した相続人との間で残されたままの家財道具等の撤去等については、文書での請求を契機として、その後具体的な相談を進めることになります（海外に居住している者であれば更に長くなります）。このため、相続人からの相談を含め、さらに数週間の期間を要することになります。

　結果として、単身入居者の死亡後、残されたままの家財道具等を撤去しようとすれば、最悪の場合、半年以上の日数を要し、さらに、相談が決裂した場合には、裁判上の請求をすることになりますが、この間、市営住宅を公募することができないのです。

⑷　在日韓国籍の者の相続人調査

　A市では、死亡した単身入居者が在日韓国籍の者のケースもありましたので、その場合の相続人調査等を参考までに紹介しておきます。

ア　相続の準拠法

　相続は、被相続人の本国法によるとされています（法の適用に関する通則法36条）。このため、在日韓国人が死亡した場合、その相続に関しては原則として韓国法が準拠法として適用されます（在日コリアン弁護士協会『Q＆A新・韓国家族法』277頁（日本加除出版、第2版、2015））。

イ　外国人登録原票

　平成24年7月9日の「出入国管理及び難民認定法及び日本国との平和条約に基づき日本の国籍を離脱した者等の出入国管理に関する特例法の一部を改正する等の法律」の施行に伴い、外国人登録法が廃止されました。このことから平成24年6月法務省入国管理局「出入（帰）国記録等に係る照会に当たっての留意事項」（https://www.mext.go.jp/a_menu/shotou/shugaku/detail/1331892.htm）によれば、外国人登録原票は、同法の施行後、市町村から法務省に対し送付されることになっています。

　なお、A市の事例では、外国人登録原票に相続人に関する情報の記載はありませんでした（世帯構成員欄と本邦にある父・母・配偶者（世帯構成員欄に記載されている者を除きます）欄があるのですが、A市における個別の事案では記載がありませんでした）。

ウ　日本の戸籍に当たる文書の開示について

　外国人登録原票の記載からは、相続人が不明であったため、駐大阪大韓民国総領事館に行き、相続人に関する大韓民国が作成した公文書の開示を行うことができるかを問い合わせてみました。しかし、駐大阪大韓民国総領事館の回答は、被相続人の親族の同意がなければ書類の閲覧はできない

し、当該書類の取寄せもできないというものでした。このため、A市は相続人の調査ができないので、相続人のあることが明らかではなくなったことになります。

エ　在日韓国人の場合に相続財産法人は成立するのか

　韓国民法は、日本の民法951条に該当する条文を置いていませんが、日本の民法と同じく相続財産管理人に関する韓国民法1053条を置いていることからすれば、日本の民法と同様に相続財産に法人格を認める趣旨と解するのが相当であるとの主張をA市は行いました。

民法
　（相続財産法人の成立）
　第951条　相続人のあることが明らかでないときは、相続財産は、法人とする。

韓国民法
　（相続人のない財産の管理人）
　第1053条　相続人の存否が明らかでないとき法院は、第777条の規定による被相続人の親族その他利害関係人又は検事の請求によって相続財産管理人を選任し、遅滞なくこれを公告しなければならない。

（出典：A市が平成28年3月に訴状提出時の韓国民法）

オ　在日韓国人の場合にも特別代理人を選任できるのか

　韓国民法1053条は、相続人の存否が明らかでないときは相続財産管理人を選任することを義務付けているわけではなく、特別代理人を選任することも可能であると解されています（金祥洙『韓国民事訴訟法』28頁（信山社出版、1996））。

　以上、国対応方針が自治体の住宅管理事務の法的根拠にはならないことを確認するとともに、何の工夫もなく裁判手続を経て解決しようとすれば、住宅セーフティネット機能を有する公益性の高い市営住宅の確保に支障が

出るという事実を認識できたのではないかと思います。

4 自治体自らが家財道具等を撤去する場合の実務上の課題

　A市の事例では、特別代理人との裁判上の和解により、市営住宅内に残されたままの家財道具等の所有権を放棄してもらうことにより、自治体自らが撤去作業を行うことができました。しかし、執行官による強制執行とは違い、住宅内に残された家財道具等の撤去中に、思わぬ財産等が出てきて戸惑う可能性もあります。残されたままの家財道具等には、様々な財産があると思われますが、特に預金通帳や貯金通帳あるいは現金が出てきた場合には注意が必要です（本書では、相続人等に引渡しができないことを前提としています）。ここでは、想定されるケースについて検討を行います。

(1)　仏壇から焼骨が出てきた場合

　仏壇から親族の焼骨が出てきた場合、「遺骨は、慣習に従って祭祀を主宰すべき者に帰属する」ことになるため（最判平成元年7月18日家庭裁判月報41巻10号128頁）、祭祀を主宰すべきものに引き渡すことを基本としますが、引渡しができない場合で焼骨が誰の骨か特定できないときが問題となります。無縁骨として合祀するに際しても、墓地、埋葬等に関する法律施行規則2条によれば、死亡者の住所や氏名等を記載した申請書を提出しなければならないからです。

墓地、埋葬等に関する法律（昭和23年法律48号）
第5条　埋葬、火葬又は改葬を行おうとする者は、厚生労働省令で定めるところにより、市町村長（特別区の区長を含む。以下同じ。）の許可を受けなければならない。
2　前項の許可は、埋葬及び火葬に係るものにあつては死亡若しくは死産の届出を受理し、死亡の報告若しくは死産の通知を受け、又は船舶の船長から死亡若

しくは死産に関する航海日誌の謄本の送付を受けた市町村長が、改葬に係るものにあつては死体又は焼骨の現に存する地の市町村長が行なうものとする。

墓地、埋葬等に関する法律施行規則（昭和23年厚生省令24号）

第２条　法第５条第１項の規定により、市町村長の改葬の許可を受けようとする者は、次の事項を記載した申請書を、同条第２項に規定する市町村長に提出しなければならない。

一　死亡者の本籍、住所、氏名及び性別（死産の場合は、父母の本籍、住所及び氏名）

二　死亡年月日（死産の場合は、分べん年月日）

三　埋葬又は火葬の場所

四　埋葬又は火葬の年月日

五　改葬の理由

六　改葬の場所

七　申請者の住所、氏名、死亡者との続柄及び墓地使用者又は焼骨収蔵委託者（以下「墓地使用者等」という。）との関係

２　前項の申請書には、次に掲げる書類を添付しなければならない。

一　墓地又は納骨堂（以下「墓地等」という。）の管理者の作成した埋葬若しくは埋蔵又は収蔵の事実を証する書面（これにより難い特別の事情のある場合にあつては、市町村長が必要と認めるこれに準ずる書面）

二　墓地使用者等以外の者にあつては、墓地使用者等の改葬についての承諾書又はこれに対抗することができる裁判の謄本

三　その他市町村長が特に必要と認める書類

　しかし、この点に関しては、生活衛生法規研究会監修の『新版　逐条解説　墓地、埋葬等に関する法律』128頁（第一法規、第２版、2012）によれば、昭和30年９月15日衛環36号環境衛生部長から東京都衛生局長あて問答において、氏名不詳の焼骨を埋蔵する場合の処置方法についての（問）に対して「当該焼骨の氏名、死亡地、死亡年月日等不明のため正規の手続きをとり得ない場合には、市町村長において、特殊の事情があるための特例として、当該焼骨発見の事情、引取にいたる経過等を証する書面をもって法の要求する許可証に代えて、墓地又は納骨堂に埋蔵させられたい」との（答）が発出されています。このため改葬許可証の担当課に相談することをお勧

めします（墓埋法5条参照）。

　一方、死亡した本人の遺骨については、有償で、寺院と提携して無縁骨を納骨・合祀の上、永代管理・供養をしている自治体の例もあります（「増え続ける無縁遺骨　生前相談、空き家予防にも」NIKKEI STYLE）（https://style.nikkei.com/article/DGXMZO19822060Z00C17A8EAC000/）。

(2)　預金通帳・貯金通帳の場合

　A市のように特別代理人制度を利用するとしても、A市で選任してもらった特別代理人には家財道具等を撤去するための代理権しかありません。しかし、裁判所に申し出れば特別代理人を相手方として預金の差押判決を出してくれるのでしょうか。この場合に第三債務者である銀行が素直に支払ってくれるかどうかは別問題なのです。すなわち、銀行は債権者である預金者と債務名義の債権者が一致しなければ、実務上支払に応じない対応をしているので、弁護士報酬をかけても回収できない可能性が高いのです（相続財産管理人であれば債権者公告を行い、債権者の有無が確定しますが、特別代理人の場合は確定していないため、銀行側からは二重負担等危険負担の押し付けと映ります）。

　銀行実務では、名前の正確な読み方までも要求しており、一致しなければ応じてもらえないのです。預金債権が確実にあり、かつ、相続財産管理人の報酬を賄えるだけの金額があるのであれば、別途、相続財産管理人を選任する方法があり得ます。この場合には、相続財産管理人が手続を行うので、預金額から相続財産管理人の報酬等を差し引いてもなお残額があるようであれば、配当が期待できるかもしれません。しかし、公営住宅担当者には、国税徴収法141条や地方税法298条に規定するような調査権がないため、生前に既に解約されていたり、未記帳だったりすれば、報酬や弁護士費用の回収ができない危険性があるのです。

　例えば、100万円以上の現金が出てきた場合は、相続財産管理人の選任も含め検討しますが、単に通帳が出てきたという漠然としたケースでは、弁

護士報酬を使うだけで税金の無駄遣いとの批判を受けかねません。特別代理人にせよ相続財産管理人にせよ選任してまでも争う説明をすることができないと考えるべきでしょう。

　したがって、現行制度の下では、公営住宅担当者としては管理台帳等に銀行名、名義人氏名、口座番号、残金等の必要事項を記載しておくか、写真撮影してその旨の保管をした上で単なるゴミとして処理せざるを得ないことになります。

⑶　現金の場合

　遺失物法（平成18年法律73号）は、１条で「この法律は、遺失物、埋蔵物その他の占有を離れた物の拾得及び返還に係る手続その他その取扱いに関し必要な事項を定めるものとする」と規定しています。特別代理人が選任されている場合に、部屋に残された現金は占有を離れた物になるのでしょうか。

　また、特別代理人との間で和解が成立し、公営住宅内に残された家財道具等の所有権を放棄した後に現金が見つかった場合には、「占有を離れた物」になるのでしょうか。そもそも所有権を放棄したのだから、和解の相手方である自治体の物になるのでしょうか。この点については、具体的なケースに分けて検討する必要があります。

ア　特別代理人が選任され裁判上の和解前に現金が発見された場合

　一般的に、「被相続人が死亡して相続が開始するときは、特別の事情のない限り、従前その占有に属したものは、当然相続人の占有に移ると解すべきである」とされています（最判昭和44年10月30日民集23巻10号1881頁）。

　特別代理人の選任は、相続財産管理人の選任同様に「相続人のあることが明らかでないこと」が前提です。この点、相続人が行方不明であったり生死不明であったりするだけでは、選任されません（東京高決昭和50年１月30日判時778号64頁）。失踪宣告や不在者の財産管理手続の問題にすぎないか

らです。

　一方、特別代理人には、相続財産管理人による相続人捜索公告（民法958条）のような制度がないため、相続人がいないことを確定させるものではありません。

民法
（相続人の捜索の公告）
第958条　前条第1項の期間の満了後、なお相続人のあることが明らかでないときは、家庭裁判所は、相続財産の管理人又は検察官の請求によって、相続人があるならば一定の期間内にその権利を主張すべき旨を公告しなければならない。この場合において、その期間は、6箇月を下ることができない。

　特別代理人の権限は特定の事項についてのみ及ぶのであり、当然に裁判上の和解ができるものでもありません。A市の具体的な事例で考えると、請求の趣旨を部屋の明渡しと当該部屋の明渡し済みまで月当たりの賃料相当損害金を支払えという訴えを提起し、請求の原因でその理由を述べています。

　また、相続人のあることが明らかでなく、かかる状況では事件が進行しないことを理由にして、同時に特別代理人選任申立てを大阪地方裁判所に行いました。その結果、24日後に申立てに理由があると認められて特別代理人の選任命令が出ました。その約10日後に特別代理人から答弁書が提出されましたが、請求の原因については争い、A市の請求を棄却するとの判決を求めるものであったのです。

　結果として、約2週間後にはA市との間で裁判上の和解（「裁判所は、訴訟がいかなる程度にあるかを問わず、和解を試み、又は受命裁判官若しくは受託裁判官に和解を試みさせることができる」（民事訴訟法89条））が成立したものの、これは裁判所の関与があったからであり、特別代理人の権限として最初からあったわけではありません。

　このように特別代理人との間で当然のように和解が成立するということ

ではありませんが、公営住宅の公益性や住宅セーフティネット機能の説明をすることにより、賃料相当損害金に充当できるよう和解を目指すことが必要ではないかと思います。

　もっとも賃料相当損害金以下の現金であれば、自治体の責任において賃料相当損害金に充当するという判断もあり得ます。「行旅死亡人等の郵便貯金の払もどしについて」（昭和29年4月1日郵1業304号郵政省貯金局長通達）には、「家庭裁判所の選任する財産管理人以外の者は、その貯金に関する権利を行使することはできないのであるが、行旅死亡人の取り扱いに要した費用に充当するための死亡人名義の通常貯金の払もどしについては、行旅死亡人を取り扱った市区町村長からの請求により…払もどしの取り扱いをする」とあり、現場の自治体ケースワーカーも実際に活用していますので、これに準じた取扱いを積極的に検討するべきです。

　この場合の実務上の参考とすべき点は、後日正当権利者が判明し、同人の請求に基づいて郵政官署からの払戻金の返還の請求があった場合は、直ちにこれに応ずる旨の表意書を提出していることです。万が一の場合には自治体の責任といった想定があるものの現実的な対応と評価できます。ただし、賃料相当損害金を上回る現金が出てきた場合には、特別代理人が国庫に帰属させる手続を行うのでしょうか。他に債権者がいるかもしれないことを考えれば、こういった場合に特別代理人制度を活用できるのか疑問がないわけでもありません。

イ　特別代理人から家財道具等に対する所有権放棄書の提出後に現金が発見された場合

　アで述べたように被相続人の事実的支配の中にあった物は、原則として当然に相続人の支配の中に承継されると見るべきというのが判例の立場です。しかし、特別代理人を選任して裁判上の和解をしていることから、相続人のあることが明らかでないことは間違いないことです。したがって、当該現金を占有する相続人は明らかではありません。しかし、相続財産管

理人による相続人捜索公告のようなことをしていないことから、相続人がいないと断定することもできません。このため、「占有を離れた物」とは評価できないと考えるのが妥当です。

　それでは、発見された現金をどのように扱えばいいのか。次のA市における和解条項を参考に検討していきます。

（別紙）
和　解　条　項（概要）

1　被告は、原告に対し、建物及び物置についての賃貸借契約が、平成○年○月○○日の亡甲の死亡により終了したことを確認する。
2　被告は、原告（A市）に対し、本日限り、本件建物及び物置を明け渡す。
3　被告は、本件建物及び物置内に残置した動産について、その所有権を放棄し、原告が自由処分することに異議がない。
4　被告は、原告に対し、平成○年×月△日から本日までの間の本件建物及び物置の賃料相当損害金○○○円から敷金残金○○円を控除した金○○○円の支払義務があることを認める。
5　原告は、その余の請求を放棄する。
6　原告及び被告は、原告と被告との間には、本件に関し、本和解条項に定めるもののほかに何ら債権債務がないことを相互に確認する。
7　訴訟費用は各自の負担とする。

（出典：筆者作成）

　和解条項の3によれば、被告は、建物内に残置した動産の所有権を放棄し、A市が自由に処分をしてもよいことになっています。しかし、A市での実態から解釈すれば、部屋に残された箪笥やテーブル、テレビ、冷蔵庫等の動産を想定していると考えるべきです。確かに現金も民法86条2項によれば、「不動産以外の物は、すべて動産とする」ので動産となりますが、一方で、最判昭和39年1月24日判タ160号66頁によれば、「金銭は、特別の

場合を除いては、物としての個性を有せず、単なる価値そのものと考えるべきであり、価値は金銭の所在に随伴するものであるから、金銭の所有権者は、特段の事情のないかぎり、その占有者と一致すると解すべきであり、また金銭を現実に支配して占有する者は、それをいかなる理由によつて取得したか、またその占有を正当づける権利を有するか否かに拘わりなく、価値の帰属者即ち金銭の所有者とみるべきものである（昭和29年11月5日最高裁判所第二小法廷判決、刑集8巻11号1675頁参照）」と解されていますので、現金の所有権を放棄したと解釈する理由にはならないと考えるべきです。

　それでは、発見された現金はどうすればよいのでしょうか。和解条項は、現金以外の動産を前提として構成されていると考えられることから、改めて裁判所に申し立てて現金の取扱いを図り、和解条項4で認めた賃料相当損害金に充当することも考えられます。

　しかし、この場合、特別代理人制度では、相続財産管理人選任時の債権者を確知するための公告を行っていないことが問題となります。すなわち、予想していたのは換価価値のない家財道具の所有権放棄であり、債権者の有無ということを考慮する必要がなかったからなのです。

　ところが、現金が見つかった場合には債権者への二重負担の問題につながりかねないと考えるのです。したがって、現金が発見された場合には、「債権者不確知」により原則として供託することが適当ではないかと考えます（民法494条）。もちろん、前記アと同様の判断をすることも可能です。現金が当該損害金の額を超えていた場合には説明できないことも同様です。

　また、相続財産管理人の選任には、既述のようにその報酬が必要であるとされていますので、100万円以上の現金が発見された場合にはその選任をし、相続財産管理人に現金の処分を委ねることも可能です。

民法

　（即時取得）

　第192条　取引行為によって、平穏に、かつ、公然と動産の占有を始めた者は、善意であり、かつ、過失がないときは、即時にその動産について行使する権利を

取得する。
（供託）
第494条　弁済者は、次に掲げる場合には、債権者のために弁済の目的物を供託することができる。この場合においては、弁済者が供託をした時に、その債権は、消滅する。
　一　弁済の提供をした場合において、債権者がその受領を拒んだとき。
　二　債権者が弁済を受領することができないとき。
2　弁済者が債権者を確知することができないときも、前項と同様とする。ただし、弁済者に過失があるときは、この限りでない。

5　A市における死因贈与契約を利用した施策の紹介

　裁判手続を経て家財道具等を当該居室から撤去しようとすれば、弁護士費用等を改めて支出しなければなりません。この点、自治体によっては、定型化された訴訟は自治体職員が行っている例もあると思われます。しかし、公営住宅担当課の現場では、最小の経費で最大の効果が発揮できるよう人員も縮小されている自治体も多いのです。入居者間の近隣トラブルや家賃の収納強化対策等に人員を投入しているのが現状であり、専門的な能力を必要とする職員を別途確保する余裕がないのが実態であるため、弁護士費用が必要であると思われます。

　こうした費用の支出を極力抑えられないのでしょうか。公営住宅の公益性を考えれば、あらかじめ自治体と入居者との間で契約することで、入居者に万が一のことがあった場合に残されたままの家財道具等を自治体が移動し、保管することもできるのではないかと思いがちです。

　しかし、例えば、民間の賃貸住宅に関する裁判例を見る限り、賃貸人（大家）が裁判手続を経ずに、あらかじめ入居者との間で締結された契約に基づき、家財道具等を撤去することは一定の範囲で不法行為の成立を認めている例がありますので注意が必要です。伊澤大輔弁護士によれば、「建物の

賃借人が家賃を滞納しているからといって、賃貸人（あるいは賃料の保証会社や管理会社）が、一方的に、解錠をして賃借人の居室内に立ち入り、賃借人の家財を撤去処分したり、鍵穴に鍵ロックを取り付けたり、鍵自体を交換して、賃借人が立ち入られないようにしてしまうことがありますが、これらはすべて違法な行為であり、許されません。このような行為をしてしまうと、賃貸人らは、賃借人に対し、損害賠償責任を負うことになります（大阪地裁平成25年10月17日判決、東京地裁平成24年９月７日判決、大阪高裁平成23年６月10日判決等）。…また、賃貸借契約書に『賃貸人は、賃借人が賃料の支払を滞らせたときには、鍵を交換できる』、『賃借人が賃料を滞納した場合、賃貸人は、賃借人の承諾を得ずに建物に立ち入り、適当な処置をとることができる』などとの特約（いわゆる自力救済条項）が定められていたとしても、このような条項は、公序良俗に反し無効であり、自力救済行為は許されません（札幌地裁平成11年12月24日判決、東京地裁平成18年５月30日判決）」とし、賃貸人が一方的に賃借人の家財を処分する行為は許されないとしています（「虎ノ門桜法律事務所ブログ2015.12.11更新　弁護士伊澤大輔」（https://izawa-law.com/date/2015/12/?cat=1））。

　また、最近でも大阪地判令和元年６月21日判タ1475号156頁で、借り手が家賃を２か月以上滞納して連絡を絶つなどした場合、物件を明け渡したとみなすとの規定、電気や水道の利用状況も勘案し、家具や荷物を搬出できると定めた契約について、勝手に荷物を持ち出すのは不法行為に当たると指摘し、撤去されても異議を言えないとした契約は、消費者契約法の禁止事項に該当すると判断しています（令和元年６月21日付け毎日新聞、同月22日付け朝日新聞）。なお、この判決については項を改めて解説します（84頁以下）。

　周藤利一教授は、契約書に、賃借人の承諾なき立入りや賃貸人による賃借人所有の動産の搬出を許容する条項がある場合、あるいはこれらに関し別途の約定を締結している事例が見られるが、判例はこうした特約が、判例の示した自力救済の違法性阻却要件を満たす場合を除いて、公序良俗に

反し無効となるものであり、したがって賃貸人の行為の違法性を阻却しないとする点で一致していると解説されています（周藤利一「不動産賃貸借における無断立入り・鍵交換に関する判例の動向」RETIO.2009.2 NO.72）。賃貸人と賃借人（入居者）との間で、賃貸人に一方的に都合の良い契約をしても無効とされているのです。

このため、Ａ市では当事者である保証人への請求と併せ、賃貸人と賃借人との間の関係ではなく、賃借人と第三者との関係も含めて検討することにしました。すなわち、賃貸人と入居者以外の第三者との法律構成とすることで、この課題に対応できると考えたのです。

そこでまず、保証人の現状を把握し、入居者以外の第三者との間の法律構成を検討しました。

(1)　A市営住宅における保証人の実態

Ａ市では、平成28年１月から市営住宅の全入居者について保証人の状況調査を実施しました。結果は次のとおりです。

入居世帯合計	保証人有効世帯	713世帯
	保証人無効世帯	837世帯
	合計	1,550世帯

（出典：Ａ市による実態調査に基づき筆者作成）

(2)　実態調査を踏まえた施策

Ａ市営住宅に入居するに際しては、保証人が必要です。保証人が死亡する等して保証できなくなった場合には、入居者は新たな保証人を立てる義務を負っています（民法450条２項及びＡ市営住宅条例施行規則（以下「規則」といいます）９条２項）。

61

　しかし、実態調査すると既に保証人が亡くなっていたり、入居者が死亡し配偶者が引き続き居住したりしているにもかかわらず、保証人の変更をしていないなど保証人の機能がなくなっている実態が、長年放置されていることが明らかになりました。そのため、新たな保証人を求め立てられない場合に、信頼関係が破壊されたとして入居者との賃貸借契約を解除することも信義則上できない状況でした。しかし、A市の条例や規則上の義務を免除することもできません。

　こういった事情の下で、あくまでも一時的な措置として「緊急連絡先（入居者との間で縁のある者。この者と入居者との間で死因贈与契約を結んでもらい（口頭での約束も可能です）、万が一、入居者が死亡し家財道具等が残された場合でも、当該縁のある者が事業主体であるA市に所有権放棄書を提出してもらうことにより、裁判手続を経ることなく、A市が家財道具等の撤去を行える制度の当

事者）」を届け出てもらう制度を施策として実施することにしました。

　このことにより、A市では、裁判費用等の新たな支出を抑えられ、かつ、住宅セーフティネット機能を果たす市営住宅を速やかに公募することができるようになりました。

(3)　自治体で公営住宅の管理を担当する職員からの質問

質問事項	回答
相続人の有無を確認することなく死因贈与契約を利用した制度だけで家財道具を撤去すれば何か問題が起きたときに怖いのでこの制度は利用しにくいのではないでしょうか。	A市で利用している死因贈与契約は、入居者と第三者との間の契約であり、A市は当事者ではありません。A市では受贈者の承諾があったのかという点についての責任が問われるだけです。しかし、この承諾はA市に文書で提出してもらいますので、問題が起こることはないと考えています。
死因贈与契約の制度そのものの詳しい説明を入居者にする必要がありますか。また、入居者が同制度を知らなくても利用できますか。	A市では、そもそも保証人が無効状態であったためにとった代替措置でした。このため、制度の創設時には、全入居者を対象に説明会を開き筆者が直接説明を行いました。説明時は、A市営住宅で単身入居者が死亡後に相続人が不明であったために、公募に支障が出たことや住宅の保証人が現に無効になっている入居者がいることを説明しました。その上で、例えば、子や孫などが緊急連絡先（死因贈与契約の受贈者）となり、緊急連絡先は滞納家賃等の責任は負わないがA市が入居者をすぐに公募できるように、家財道具の所有権を放棄してほしいといった制度の説明を行いました。説明会時における入居者の反応としては、迷惑をかけたくないという入居者の意思と合致したのか、特段の異論も質問もありませんでした。 　もちろん、自治体職員は条例や規則に従う必

	要がありますから、保証人が必要であれば付けてもらうのが大前提です。この制度は、そういった保証人を付けられない高齢者など一定の理由がある入居者に対する例外としての制度なのです。したがって、新しい入居者で保証人を付けられない入居者には、十分に説明して理解を得た上で緊急連絡先（死因贈与契約の受贈者）を提出してもらうことになります。
死因贈与契約の制度を悪用されないかと心配です。	A市における死因贈与契約の制度は、入居者が死亡して保証契約が無効になっていたり、保証人を付けることができないことに理由のある方を対象にしたりして運用している制度です。したがって、有効な保証人がいれば当該保証人に強制執行に要した費用を請求することになります。
保証人制度を廃止した場合でも死因贈与契約の制度利用はできるのでしょうか。	可能です。家賃が安く高品質の公営住宅は生活困窮者にとっては住宅セーフティネットの役割を果たしています。しかし、その戸数が限定されていることもあり、単身入居者死亡後に直ちに公募に回せなければその役割を果たすことができません。こういった住宅セーフティネット機能を果たしていることを既入居者や新入居者に丁寧に説明することが求められます。この制度利用は義務ではありませんが、住宅セーフティネットの確保を図る住宅行政の施策の一つとして利用する必要があります。

（出典：筆者作成）

⑷　A市における対応方針

　実態調査を踏まえた結果、入居者に保証人を立てる義務があるケースと、A市が保証人を立てるよう求め、それができなければ契約解除事由として主張することが信義則上できないケースに分かれました。このため、それ

ぞれのケースを考慮した方針を次のように決定し、平成28年 2 月18日から実施しています。

ア　新たな保証人を立てる義務を負う場合

入居者が、新たな保証人を立てる義務を負う場合においては、新たな保証人を立てるべく努力したものの、新たな保証人を立てることができないときは、保証人に代わる緊急連絡先承認申請書を市長に提出して承認を受けなければならないこと。

イ　保証人に代わる緊急連絡先

市長は、次のいずれかに該当する場合は、保証人に代わる緊急連絡先として承認するものとすること。

a　生活保護受給者で福祉事務所長から保証人が立てられないことについて意見書が提出される等、保証人が立てられないと認められるとき。

b　満60歳以上の者で保証人を立てられないものと認められるとき。

c　緊急連絡先承認申請書の理由欄の記載から保証人を立てられないことについて合理的な理由が認められるとき。

ウ　入居者の地位の承継を受けた者

この対応方針の実施前にＡ市営住宅条例14条の規定により、入居者の地位の承継を受けた者は、保証人に代わる緊急連絡先届を市長に提出することで債務不履行責任を負わないこと。

Ａ市営住宅条例

（入居者の地位の承継）

第14条　市営住宅の入居者が死亡し、又は退去した場合において、その死亡時又は退去時に当該入居者と同居していた者は、市長が定めるところにより、市長の承認を受けて、引き続き、当該市営住宅に居住することができる。

⑸ 対応方針に基づく書式

ア 新たな保証人を立てる義務がある入居者の場合

様式1号

A市長様

届出者（なるべく自署）

住所＿＿＿＿＿＿＿

氏名＿＿＿＿＿＿＿

緊急連絡先承認申請書

私は、規則第○条第○項に規定する新たな保証人を下記の理由により立てることができません。つきましては、緊急連絡先として次の者を指定しますので承認いただきたく申請します。

（理由の例）

高齢のため、新たな保証人を見つけることができません。つきましては、一時的に緊急連絡先を確保しましたので認めていただきたく申請いたします。なお、緊急連絡先については、私とA市との間の賃貸借契約から生じる債務については一切の責任を負わないものの、私に万が一のことがあっても、室内の家財道具等については、緊急連絡先の責任において処分することを取り決めております。A市にご迷惑をかけることはありませんので念のため申し添えます。

（緊急連絡先）

私は、私が緊急連絡先となる入居者の家賃、駐車場使用料その他の市営住宅の賃貸借契約から生じる一切の債務について責任を負うことはできません。しかしながら、当該入居者が死亡した場合において、室内に家財道具等が放置されるときは、私において所有権を放棄する等して家財道具等の撤去をA市ができるようにすることを約束します。

　年　　月　　日

緊急連絡先（必ず自署）

住所＿＿＿＿＿＿＿

氏名＿＿＿＿＿＿

（出典：A市営住宅の保証人に代わる緊急連絡先に関する要綱）

イ　新たな保証人を立てる義務がない入居者の場合

様式2号

A市長様

届出者（なるべく自署）

住所＿＿＿＿＿＿

氏名＿＿＿＿＿＿

緊急連絡先届

　私は、A市営住宅の保証人に代わる緊急連絡先に関する要綱（平成28年2月28日実施）第3条の規定に基づき次のとおり届出します。

（緊急連絡先）

　私は、私が緊急連絡先となる入居者の家賃、駐車場使用料その他の市営住宅の賃貸借契約から生じる一切の債務について責任を負うことはできません。しかしながら、当該入居者が死亡した場合において、室内に家財道具等が放置されるときは、私において所有権を放棄することができることを入居者との間で取り決めております。つきましては、入居者に万が一のことがあれば、家財道具等の撤去をA市ができるようにすることを約束します。

　　年　　月　　日

緊急連絡先（必ず自署）

住所＿＿＿＿＿＿

氏名＿＿＿＿＿＿

（出典：A市営住宅の保証人に代わる緊急連絡先に関する要綱）

(6)　保証人・緊急連絡先届提出状況

　提出状況は次のとおりでした。未提出者で連絡がつく者に事情を確認し

たところ、身寄りも友人もいないという相談が3件ありました。

送付件数	提出件数	未提出	提出率
837	760	77	90.8%

（備考：平成29年8月末現在、出典：A市による実態調査に基づき筆者作成）

(7) 身寄りも友人もいないようなケースに対する方針

　身寄りも友人もいない入居者には、「入居者で組織する自治会」等の団体に死因贈与してもらい、万が一のときには、「入居者で組織する自治会」等から所有権放棄書を提出してもらう方向で検討することにしました。

　なお、A市営住宅における「入居者で組織する自治会」等は人の集まりであっても、法人格がないので、入居者で組織する「○○自治会」という名で契約を締結して、団体自身に直接権利や義務を発生させることは当然にはできません。したがって、「○○自治会」名義では契約を結ぶことはできません。このため、「○○自治会」のうちの個人の誰かが（多くは代表者）、契約の主体となって契約を結ぶことになります。一方で、法人格のある社団と同様の実態をもっていると認められる団体については、権利や義務の当事者として扱うことが認められています。

　このように、法人格がない団体でありながら、権利義務の主体として扱うことが許される団体のことを「権利能力なき社団」と呼びます。したがって、法人でない団体と契約を結ぶことは通常はできませんが、この団体が地自法260条の2の「地縁による団体」であれば直接の契約をすることができます。

　なお、贈与税については、国税庁のホームページによれば、「No.4405　贈与税がかからない場合」として、「12　相続や遺贈により財産を取得した人が、相続があった年に被相続人から贈与により取得した財産」としているため、令和3年9月1日現在、法令等の中では贈与税がかかることはありません。ただし、相続財産を取得しなかった人が、相続があった同年中に

被相続人から贈与により取得した財産は、相続税ではなく贈与税の対象となるようです（https://www.nta.go.jp/taxes/shiraberu/taxanswer/zoyo/4405.htm）。

6 死因贈与契約に伴う想定される トラブルについて

　即時強制のための根拠法令がないなかで、A市における取組みは、現行の法令に基づいてできる施策の一つです。しかし、完全無欠の施策ではなく、次のようなトラブルが想定されるのです。

⑴　受贈者と遺留分権利者とのトラブル

　民法1046条1項本文は、「遺留分権利者…は、…受贈者に対し、遺留分侵害額に相当する金銭の支払を請求することができる」と規定しているので、遺留分権利者は、価額による弁償（金銭の請求）をすることができます。したがって、配偶者や子のある者又は親が相続人として存在する場合には、遺留分を請求される可能性があることになります（具体的な遺留分は直系尊属のみの場合で3分の1、配偶者や子の場合は2分の1となっています（同法1042条））。

民法
　（遺留分の帰属及びその割合）
第1042条　兄弟姉妹以外の相続人は、遺留分として、次条第1項に規定する遺留分を算定するための財産の価額に、次の各号に掲げる区分に応じてそれぞれ当該各号に定める割合を乗じた額を受ける。
　一　直系尊属のみが相続人である場合　3分の1
　二　前号に掲げる場合以外の場合　2分の1
2　相続人が数人ある場合には、前項各号に定める割合は、これらに第900条及び第901条の規定により算定したその各自の相続分を乗じた割合とする。
　（遺留分侵害額の請求）
第1046条　遺留分権利者及びその承継人は、受遺者（特定財産承継遺言により財

産を承継し又は相続分の指定を受けた相続人を含む。以下この章において同じ。）又は受贈者に対し、遺留分侵害額に相当する金銭の支払を請求することができる。

2　遺留分侵害額は、第1042条の規定による遺留分から第1号及び第2号に掲げる額を控除し、これに第3号に掲げる額を加算して算定する。

一　遺留分権利者が受けた遺贈又は第903条第1項に規定する贈与の価額

二　第900条から第902条まで、第903条及び第904条の規定により算定した相続分に応じて遺留分権利者が取得すべき遺産の価額

三　被相続人が相続開始の時において有した債務のうち、第899条の規定により遺留分権利者が承継する債務（次条第3項において「遺留分権利者承継債務」という。）の額

　もっとも公営住宅に残された家財道具等については、強制執行時の実務上の経験からは財産的価値はほぼありません。少なくともA市の実務上の経験によれば、A市の建物明渡し及び動産差押えの民事執行申立書に基づき、執行官により強制執行（断行とも呼ばれています）されるまでには、執行官が催告時に部屋に立ち入って「家屋明渡執行調書（催告）」を作成し、同時に部屋にある家財の財産的価値を見て占有する動産は換価の見込みがないことや民事執行法131条所定の差押禁止動産以外に換価の見込みのある動産は存在しないとして、「執行不能調書」を作成しているのが現実なのです。

　このため実務的には、執行官が建物の明渡期限を定め（催告時からおおよそ1か月程度）、その時までに建物内の動産類（家財道具等）を全部持ち出すように併せて催告しています。その上で、残置された動産類（家財道具等）があれば、法律の手続に従い、即日売却する場合や不用品として処分することがあることを周知しています。タンスの引き出しや机の引き出しを捜索して、金銭的価値のあるものを捜すことはないというのが実務でした。

　また、実務家である弁護士の論文（流矢大士「債権回収における各種手続の活用例等について」LIBRA14巻5号17頁）、以下「流矢論文」といいます）でも、動産執行の活用の項（24〜25頁）で「動産執行の短所」として、次のようにあることから、A市での実務の取扱いが納得できるのです。

　「不動産執行や債権執行に比べて、動産執行の実効性は劣ると思われる。

動産執行において、債務者所有のすべての動産が差押えの対象となるのが原則であるが、生活の維持・生業の維持・プライバシーの保護、信教・教育上の配慮、社会福祉上の考慮、災害防止との調整との観点から、差押禁止財産が定められており（民執法131条）、また、無剰余の差押えが禁止され（同法129条）、さらに、換価性のない動産については、差押えを取り消されることがあり（同法130条）、執行不能とされる範囲が広く規定されているし、差し押さえた動産の買受市場が狭く、現実的に換価できない場合が多いからである。

　ちなみに、東京地方裁判所民事第21部（執行部）では、以下の動産を差押禁止動産として取り扱っている（司法研修所「民事弁護教材　改訂民事執行（補正版）」64頁）。但し、個別の執行事件において執行官の判断が優先されることは、当然である。

> **差押禁止動産**
> ・整理タンス・洋タンス・ベッド・調理用具・食器棚・食卓セット
> ・冷暖房器具（ただし、エアコンを除く）
> ＊洗濯機（乾燥機付きを含む）　＊鏡台　＊冷蔵庫（容量は問わない）
> ＊電子レンジ（オーブン付きを含む）　＊瞬間湯沸かし器　＊ラジオ
> ＊テレビ（29インチ以下）　＊掃除機　＊エアコン　＊ビデオデッキ
> （＊印の物が数点ある場合には１点に限る）

　また、東京地方裁判所民事第21部では、換価価値が5,000円以下の動産については、換価性のない動産として執行対象外と取り扱うことが多いようである。

　これらの場合に加えて、評価や換価性に複雑な問題がある場合は、最初から執行対象外として扱われる場合も多く、また、パーソナルコンピューターについては、プライバシーの観点等の理由で執行対象外とされる場合が多い。なお、民事執行法131条３号の『標準的な世帯の２月間の必要生計

費を勘案して政令で定める額の金銭』については、66万円とされており（民執法施行1条）、自然人の債務者に対する動産執行の場合は、同額以下の現金は差押禁止財産とされる。

　それ故、自然人の債務者の自宅等の場所に動産執行をかける場合は、執行不能となる場合が多い。

　…これらの要因の結果、動産執行事件は、90％程度が執行不能で終了しており、税務上の損金処理の1つの方法として利用されることが多く、本来の機能を果たしていない…」

とされており、生存していたとすれば公営住宅内に残されたままの家財道具等のほとんどが差押禁止動産とされたり、換価性のない動産として執行対象外とされたりする可能性が高い財産であるといえるのです。

　少なくとも公営住宅内に残されたままの家財道具等については、処分しても遺留分権利者から遺留分侵害額の請求を受ける可能性は低いと考えることができます。

民事執行法施行令（昭和55年政令230号）
　（差押えが禁止される金銭の額）
　第1条　民事執行法（以下「法」という。）第131条第3号（法第192条において準用する場合を含む。）の政令で定める額は、66万円とする。

---

(2)　遺留分減殺請求権を行使されないためにはどうすればよいか

　一般論としては、残された財産に金銭的な価値があり、遺留分権利者がその価値を欲しいときに権利行使されます。公営住宅において、残された家財道具等に金銭的な価値がない場合には行使されることはないと思われます。

　一方で、受贈者は金銭的な価値のあるものを死因贈与契約により、取得していないことを立証する必要はあるのでしょうか。この点、A市が前提

としている死因贈与契約は、住宅セーフティネット機能を有する市営住宅の公募に支障が生じないように、直ちに残された家財道具を撤去してほしいという動機にあります。すなわち、贈与の対象物はタンスや冷蔵庫やテレビなどの家財道具そのものであり、タンスや水屋等の引き出しに入っている現金や預金通帳の類は想定していないのです（66頁以下、5・(5)中の様式1号及び様式2号参照）。

　一般的には、このような動機に基づいて「死因贈与契約」の締結（口頭によるものを含みます）を求めているので、遺留分侵害額請求をされるようなものを死因贈与されたとは考えていません。しかし、そもそも死因贈与契約は入居者と当該縁のある者との間における贈与契約であることから、市営住宅内の何を贈与したかについては当事者に委ねるしかないのも事実です。このため、A市の実務上においては、当事者間の問題として処理してもらうことにしています。なお、当該受贈者に遺留分を侵害されたと主張する遺留分権利者に、金銭的価値の立証責任があることは異論がないと思われます。

　それでは、受贈者として室内の家財道具等の所有権を取得した場合で、タンスの中から例えば現金が発見された場合に、遺留分権利者からの遺留分減殺請求に備えるためにどうすべきか。次のとおり考えることが妥当です。

ア　入居者と受贈者との間でどのような取決めがあったか

　基本的に入居者と受贈者との間で、どのような取決めがあったかが不明なため、A市が評価する立場にはありません。

イ　家財道具等の所有権を放棄してもらう程度の受贈者

　しかし、単に残された家財道具等の所有権を放棄してもらう程度の受贈者であれば、多額の現金が発見された場合には、遺留分権利者から遺留分侵害額の請求をされる可能性があります。

ウ　遺留分侵害額の請求権

　　遺留分侵害額の請求権は、「遺留分権利者が、相続の開始及び遺留分を侵害する贈与又は遺贈があったことを知った時から１年間行使しないときは、時効によって消滅する。相続開始の時から10年を経過したときも、同様とする」とされています（民法1048条）。

エ　10年間待てば

　　したがって、受贈者としては10年間待てば遺留分侵害額の請求（民法1046条）を受けることはなくなります。

オ　供託することができるのか

　　次に、受贈者は、債権者である遺留分権利者を確知できないとして供託することができるのでしょうか。また、受贈者が相続人の一人の場合と友人の場合で異なる可能性はあるのでしょうか。

カ　「債権者不確知」による供託

　　この点、死因贈与契約の受贈者（親族ではなく友人の場合）が遺留分侵害額の請求を避けるため供託できるかについては、「債権者不確知」により供託できるとされています（平成29年４月25日に大阪法務局供託担当に電話で確認したところ、「受領不能」ではなく「債権者不確知」を原因として供託できるとのことでした）。なお、遺留分権利者が行方不明ということであれば、法務省のホームページにある「供託Q&A」のQ24及び25により「受領不能」を原因として供託できると思われます。

【Q24】地主（家主）の不在や行方不明等により、地代（家賃）の弁済をすることができなくなった場合にする供託は、どのようにしたらよいのですか。

A　弁済供託について

　土地・建物等の借主は、地主・家主等の貸主の不在や行方不明等により賃料の弁済をすることができないときは、当該賃料につき「受領不能」を供託原因とする弁済供託をすることにより、賃料債務を消滅させることができます。

「受領不能」の場合の供託原因

　弁済供託によって債務を消滅させるためには、供託原因が必要です。供託原因としての「受領不能」とは、貸主が不在であるとか、行方不明である等の事由により、貸主が賃料を受領することができない場合をいいます。

　具体的には、賃料の支払方法が賃貸借契約によってどのように定められているかにもよりますが、債権者である貸主の住所で賃料を支払うこととされている場合には、貸主の不在、行方不明等の事情があるときに「受領不能」となります。「不在」は、一時的な不在の場合でも、差し支えありません。

　また、貸主が借主の住所において取り立てる旨の合意がある場合には、弁済期が到来したにもかかわらず、貸主が取立てに来ない場合等が該当します。この場合には、借主は、弁済の準備をしたことを通知して、その受領を催告しなければなりません。

【Q25】地主（家主）の死亡や賃料債権の譲渡の通知を受ける等により、地代（家賃）の支払先が分からなくなった場合にする供託は、どのようにしたらよいのですか。

A　弁済供託について

　土地・建物等の借主は、地主（家主）の死亡によりその相続人が分からなくなる等、自らに過失がないにもかかわらず、賃料を支払うべき相手が分からなくなった場合には、当該賃料につき「債権者不確知」を供託原因とする弁済供託をすることにより、賃料債務を消滅させることができます。

「債権者不確知」の場合の供託原因

弁済供託によって債務を消滅させるためには、供託原因が必要です。供託原因としての「債権者不確知」とは、例えば、債権者である貸主が死亡し相続が開始されたものの、相続人が誰であるか事実上知りえない場合（この場合には、被供託者を「何某の相続人」として供託をすることができます。）、あるいは、債権譲渡の通知を受けた当該債権について甲と乙との間でその帰属について争いがあり、いずれが真の債権者であるか弁済者が過失なくして知ることができない場合（この場合には、被供託者を「甲又は乙」として供託することができます。）等をいいます。

　債権者不確知ということができるためには、(1)当初、特定人に帰属していた債権が、その後の事情により変動したため、債務者において債権者を確知することができなくなったという場合で、かつ、(2)債権者を確知することができないことが、債務者の過失によるものではないことが必要です。これに該当するかどうかは、個別の事案により、判断されることとなります。

（出典：法務省ホームページ「供託Q&A」(http://www.moj.go.jp/MINJI/minji06_00055.html)）

(3)　二重に死因贈与された場合のトラブル

　遺言者は、いつでも、遺言の方式に従って、その遺言の全部又は一部を撤回することができます（民法1022条）。

民法
　（遺言の撤回）
　第1022条　遺言者は、いつでも、遺言の方式に従って、その遺言の全部又は一部を撤回することができる。

　最判昭和57年4月30日民集36巻4号763頁では、特段の事情のいかんによっては、贈与者が取り消すことのできない死因贈与もあり得るが、このことから直ちに、贈与者がその目的たる不動産を第三者に売り渡すことができないわけではないとされ、その場合には、最判昭和58年1月24日民集37

巻1号21頁で、「受贈者と買主との関係はいわゆる二重譲渡の場合における対抗問題によって解決されることになる」と、対抗問題になるとされています。

　公営住宅において残された家財道具等に対する死因贈与が二重になされる現実的な可能性の有無は別として、動産の二重譲渡の場合は、その引渡しが対抗要件になります（民法178条）。したがって、平穏かつ公然と動産の占有を始め、それが善意かつ無過失であれば即時取得することになります（同法192条）。

> **民法**
> （動産に関する物権の譲渡の対抗要件）
> 第178条　動産に関する物権の譲渡は、その動産の引渡しがなければ、第三者に対抗することができない。
> （即時取得）
> 第192条　取引行為によって、平穏に、かつ、公然と動産の占有を始めた者は、善意であり、かつ、過失がないときは、即時にその動産について行使する権利を取得する。

7　A市営住宅における死因贈与契約に基づく事務の現在

　緊急連絡先（死因贈与契約の受贈者）としては、通常であれば配偶者や子、孫などの相続人や縁のある友人等になってもらうことを想定しています。しかし、平成28年2月18日から運用している要綱の実施状況から「友人もいない」、「親族もいない」等で死因贈与の相手方となる縁のある者（受贈者）がいない入居者が実在していることも明らかになってきました。こういった入居者には、「入居者で組織する自治会」等の団体に死因贈与してもらい、万が一のときには、「自治会」等の代表者から所有権放棄書を提出

してもらいたいと考えています。こうした場合には、当該本人の同意を得て、その後自治会等が入居者と接触することで、自治会等にとっては当該自治会加入者の獲得につながる機会を得られるとともに、入居者としても万が一の場合に、周りに迷惑をかけたくないという思いの解決につながるものと考えています。

　なお、平成28年度に1件、死因贈与契約に基づく受贈者（相続人ではない知人）からの所有権放棄書に基づき、A市において家財道具等の撤去を実施しましたが、現時点でトラブルはありません。

8 根本的な解決のためには公営住宅法等の改正が必要

　A市で起こった具体的な事例を契機として、現行の法令でできることを検討してきました。しかし、家財道具等に占拠された市営住宅を裁判上の手続を経て公募するまでには、時間もお金もかかることになります。また、公営住宅の場合には受贈者の死亡により、死因贈与契約をもう一度しなければならなくなるなど根本的な解決にならないのが現実です。

　そこで、原則として条例に根拠があれば即時強制は可能であることから、当該家財道具等を移動し、保管することまでは自治体の責任で行うことが考えられます。しかし、条例を根拠にして当該家財道具等の処分をすることについては困難なことも想定されます。この際、公営住宅法及びこれを準用する住宅地区改良法の改正により、自治体が条例に根拠規定を設けることによって放置されたままの家財道具等を処分できるような法的整備が必要だと考えます（2頁以下参照）。また、大阪高裁判決に基づいた公営住宅への対応につきましては、項を改めて提案します（85頁以下）。

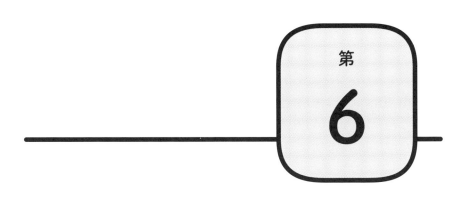

第 6

高齢者の居住の安定確保に関する法律 52 条等に基づく、終身建物賃貸借制度

バリアフリー化された賃貸住宅を高齢者の終身にわたって賃貸する場合に、借地借家法の特例として賃借人が死亡したときに終了する旨を定めることができる終身建物賃貸借制度を創設する等を趣旨とする、高齢者の居住の安定確保に関する法律案が平成13年3月9日第151回国会に提出されました（平成13年3月9日衆議院における国務大臣の趣旨説明）。

　そして、この制度の利用者が高齢者ということもあり、当事者間のトラブルを未然に防止するという観点から、標準契約書を作成して普及に努めるという答弁が政府参考人からされていました（平成13年3月14日国土交通委員会における井上（義）委員からの質問に対する三沢政府参考人の答弁）。

　こういった経過の下で、現在、「終身建物賃貸借標準契約書（令和3年6月版）」が国土交通省から示されています。

　実は、令和3年6月版で改定されるまでは、同契約書18条5項によって契約当事者間で残置物の処分をできるという規定になっていました。入居者死亡後は、貸主が一方的に残置物を処分することができるとする特例が規定されていたのです。筆者は、消費者契約法10条との整合性からも無効とされる可能性が高いと考え、自治実務セミナー（2020年3月号59頁）で指摘してきました。

【改定前の終身建物賃貸借標準契約書（抄）】（下線部分は筆者が加筆）
　（残置物の引取り等）
第18条　乙（賃借人）は、乙の死亡により本契約が終了した後に乙の残置物がある場合に備えて、あらかじめ、当該残置物の引取人（以下「残置物引取人」という。）を定めることができる。
2　前項の規定により残置物引取人を定めた場合にあっては、甲（貸主）は、乙の死亡により本契約が終了した後遅滞なく、乙又は残置物引取人に本契約が終了した旨を連絡するものとする。
3　乙又は残置物引取人は、同居配偶者等が本物件に引き続き居住することに反対の意思を表示したとき又は同居配偶者等が第22条第1項本文に規定する期間内に同項本文に規定する申出を行わなかったときから1月を経過する日までに、当該残置物を引き取らなければならない。
4　甲は、乙又は残置物引取人が、同居配偶者等が本物件に引き続き居住することに反対の意思を表示したとき又は同居配偶者等が第22条第1項本文に規定す

　る期間内に同項本文に規定する申出を行わなかったときから1月を経過する日
　までに当該残置物を引き取らない場合にあっては、当該残置物を乙又は残置物
　引取人に引き渡すものとする。この場合においては、当該引渡しの費用を敷金
　から差し引くことができる。
5　甲は、乙が残置物引取人を定めない場合にあっては、同居配偶者等が本物件
　に引き続き居住することに反対の意思を表示したとき又は同居配偶者等が第22
　条第1項本文に規定する期間内に同項本文に規定する申出を行わなかったとき
　から1月を経過したときは、当該残置物を処分することができるものとする。
　この場合においては、当該処分の費用を敷金から差し引くことができる。

（出典：国土交通省ホームページ「終身建物賃貸借標準契約書　平成30年3月改定」(https://
www.mlit.go.jp/jutakukentiku/house/jutakukentiku_house_tk7_000013.html)）

　令和3年6月の改定版によりこの点は改められていました。
　改定後の残置物関係事務委託契約とは、賃借人でもある委任者の死後に
受任者となった者が残置物を処分するという契約のことです。改定後の終
身建物賃貸借標準契約書18条の規定は当事者間で残置物の処理ができるか
のような改定前の同条を根本的に改めたといえます。
　仮に従来のままの規定であれば、万一の時に裁判所を通じて契約の履行
を求める根拠にすぎないと解釈すべきだと考えます。

【改定後の終身建物賃貸借標準契約書（抄）】
　（残置物の処理）
第18条　残置物関係事務については、別紙契約目録記載の準委任契約（以下「残
　置物関係事務委任契約」という。）に定めるところによるものとする。
2　残置物関係事務委任契約が本契約の終了までに終了した場合には、乙は、速
　やかに、終了した残置物関係事務委任契約（以下この項において「終了した契
　約」という。）と同内容の契約を新たに締結するように努めるものとする。ただ
　し、既に乙が終了した契約と同内容の契約を締結しているときは、この限りで
　ない。
3　乙は、残置物関係事務委任契約が終了した場合及びこれらと同内容の契約を
　新たに締結したときは、甲に対してその旨を書面又は電磁的記録により通知し
　なければならない。

（出典：国土交通省ホームページ「終身建物賃貸借標準契約書　令和3年6月改定」(https://
www.mlit.go.jp/jutakukentiku/house/jutakukentiku_house_tk7_000013.html)）

消費者契約法（平成12年法律61号）

（消費者の利益を一方的に害する条項の無効）

第10条　消費者の不作為をもって当該消費者が新たな消費者契約の申込み又はその承諾の意思表示をしたものとみなす条項その他の法令中の公の秩序に関しない規定の適用による場合に比して消費者の権利を制限し又は消費者の義務を加重する消費者契約の条項であって、民法第1条第2項に規定する基本原則に反して消費者の利益を一方的に害するものは、無効とする。

高齢者の居住の安定確保に関する法律（平成13年法律26号）

（事業の認可及び借地借家法の特例）

第52条　自ら居住するため住宅を必要とする高齢者（60歳以上の者であって、賃借人となる者以外に同居する者がないもの又は同居する者が配偶者若しくは60歳以上の 親族（配偶者を除く。以下この章において同じ。）であるものに限る。以下この章において同じ。）又は当該高齢者と同居するその配偶者を賃借人とし、当該賃借人の終身にわたって住宅を賃貸する事業を行おうとする者（以下「終身賃貸事業者」という。）は、当該事業について都道府県知事（機構又は都道府県が終身賃貸事業者である場合にあっては、国土交通大臣。以下この章において同じ。）の認可を受けた場合においては、公正証書による等書面によって契約をするときに限り、借地借家法（平成3年法律第90号）第30条の規定にかかわらず、当該事業に係る建物の賃貸借（一戸の賃貸住宅の賃借人が二人以上であるときは、それぞれの賃借人に係る建物の賃貸借）について、賃借人が死亡した時に終了する旨を定めることができる。

7

いわゆる追い出し条項が
有効とされた判決の検証

1 事案の概要

　賃貸借契約の終了の有無を問わず、①賃借人が賃料等の支払を2か月以上怠り、②家賃保証会社である被告が合理的な手段を尽くしても賃借人本人と連絡が取れない状況の下、③電気・ガス・水道の利用状況や郵便物の状況等から賃借物件を相当期間利用していないものと認められ、かつ、④賃借物件を再び占有使用しない賃借人の意思が客観的に察することができる事情があるときは、賃借人が賃借物件を明け渡したとみなして残置物を処分できるという条項が含まれる「住み替えかんたんシステム保証契約」は、消費者契約法に違反するなどとして、適格消費者団体である原告が、消費者契約の申込み又は承諾の意思表示を行ってはならないとして、消費者団体訴訟制度（内閣総理大臣が認定した消費者団体が、消費者に代わって事業者に対して訴訟等をすることができる制度をいいます）に基づいて差止請求を行ったという事案です。

2 大阪地判令和元年6月21日判タ1475号156頁

　第一審の大阪地裁は、保証契約の条項が賃貸借契約の終了の有無を問うことなく1の①～④の事情があれば、賃貸借契約が解除等を理由として終了したか、賃貸借契約終了の前提となる解除の意思表示が有効か否かにかかわらず賃貸借契約を終了させ、明渡しがあったものとみなす権限を被告に付与する契約であると認定し、その部分を無効として、原告一部勝訴の判決を言い渡しました。判決の中では、被告が保証契約に基づき賃借物件内の動産類の搬出・保管を行えば、自力で賃借物件に対する賃借人の占有を排除し、家主にその占有を取得させる自力救済行為になり不法行為に該当すると判断しています。

　すなわち、賃借人が任意に退去していないにもかかわらず、家主や被告に法的手続によらない建物明渡しを可能にし、これに対する賃借人の損害賠償請求を認めない趣旨の条項が記載された契約書ひな形が印刷された契約書用紙を廃棄せよとの判決を出しました。具体的には、1の①〜④の事情があれば明渡しがあったものとみなす権限を被告に付与する条項を含む契約は、消費者契約法に反するとして差止請求を認めたものです。

3 大阪高判令和3年3月5日判時2514号17頁

　これに対して、大阪高裁は一審原告勝訴部分を取り消し、原告の請求を棄却しました。なお、一審原告勝訴部分以外の争点は省略します。
　大阪高裁判決は、1の①〜④の4要件を満たし、被告から賃借物件の明渡しがあったものとみなされた場合には、その時点で賃貸借契約は終了すると判断しています。すなわち、4要件を満たすときは、賃借人が賃借物件を住居として使用しておらず、かつ、その意思を失っている蓋然性が極めて高いと判断したのです。また、占有者が占有物の所持を維持している場合には、占有者において積極的に賃借物件を占有する意思を放棄する旨の意思表示をしない限り占有権は失われないが、客観的・外形的な事実から占有の放棄の意思表示も許容されると判断しました。

4 検証

　一般的に1の①〜③の要件の充足は客観的に分かりますが、④の要件については抽象的であり、その充足の有無については必ずしも容易に判断できません。なお、家屋の賃貸借契約においては、契約書に、賃借人の承諾

なき立入りや賃貸人による賃借人所有の動産の搬出を許容する条項がある場合、あるいはこれらに関し別途の約定を締結している事例が見られますが、こうした特約が、判例（最判昭和40年12月7日民集19巻9号2101頁）の示した自力救済の違法性阻却要件を満たす場合を除いて、公序良俗に反し無効となることを自治実務セミナー2019年11月号60頁で紹介しています。

本件では、こういった最高裁判所における判例法理を前提とした上で、具体的に判断したのだと思われます。この点については、今般の大阪高裁判決が、4つの要件を全て充足した場合という極めて限定された条件の中で、自力救済の違法性阻却要件を満たしたと考えることができます。

なお、賃貸借契約が終了していることが前提ですから（学説では、契約継続中にはそもそも明渡請求はできないとされており、賃貸借契約の解除が前提とされています）、大阪高裁判決のように、4つの要件を満たせば賃貸借契約も終了しているという解釈が妥当であるか否かが重要です。また、実際に居住している場合には、4つの要件を全て満たすことは考えられないことから、賃借人に一方的に不利な追い出し条項が認められたということではないようです。

原告は最高裁判所に上告していますので、その判断が注目されるところです。賃貸借契約の家主からすれば、賃借人が夜逃げしたときなどに効果的な要件になり、最高裁判所でも認められることになれば、実務に与える影響も大きいと考えます。

なお、市営住宅の場合には、公営住宅管理標準条例15条のような家賃の減免又は徴収猶予の制度があるので、夜逃げされたという経験を筆者はしたことがありません。しかし、単身入居者が残置物を残したまま死亡した場合には、相続人の対応に基づいて、同様に占有の放棄の意思表示を行ったとみなすことも解釈上可能と思われますので、最高裁判所の判断を注視し、準備しておく必要があります。

具体的には、例えば、①相続人に入居者の死亡を通知し、②当該相続人が一定の期間までに残置物を撤去して家屋を明け渡さないとき、③合理的

な手段を尽くしても相続人と連絡が取れない状況の下、④残置物を占有使用しない相続人の意思が客観的に察することができる事情があるとき、という4つの要件を条例に具体的に規定することによって、いったん別の場所で残置物を保管し、さらに一定の期間の経過とともに、占有が放棄されたものとして扱えるような準備をしておく必要があるでしょう（本稿脱稿後、最高裁は上告審として受理する決定をし、令和4年11月14日10時30分から口頭弁論が開始されることになりました。これにより、原審大阪高裁判決を見直す判断が示されるものと思われます。本書全体に影響を与えるものではありませんが、最高裁の判断が注目されます）。

公営住宅管理標準条例15条
（家賃の減免又は徴収猶予）
第15条　知事（市長）は、次の各号に掲げる特別の事情がある場合においては、家賃の減免又は徴収の猶予を必要と認める者に対して知事（市長）が定めるところにより当該家賃の減免又は徴収の猶予をすることができる。
一　入居者又は同居者の収入が著しく定額であるとき。
二　入居者又は同居者が病気にかかったとき。
三　入居者又は同居者が災害により著しい損害を受けたとき。
四　その他前各号に準ずる特別の事情があるとき。

単身高齢者が
入居を断られないという
モデル契約条項について

1 モデル契約条項

巻末に掲載していますので、参考にしてください（184頁以下参照）。

2 モデル契約条項の確認

　モデル契約条項には、注意書きや解説コメントもあるので、そういったものも見ながら有効な手立てになっているのか検証していきましょう。

　モデル契約条項の前注によれば、60歳以上の単身の高齢者に対して、賃貸人が部屋を貸すことをためらっており、借りたくても借りることのできない高齢者の問題が生じていると分析しています。実は筆者の一人は、この分析は現状を正しく反映していると身をもって感じています。通勤時間を考慮して、最近流行りの２拠点生活ではありませんが、アパートを借りて単身赴任したのです。その際に、業者から単身赴任の高齢者ということで、若者や家族連れの場合とは明らかに違う対応を受けたのです。

　その一例を挙げますと、家主の希望もあり、「見守りサービス」なる契約に、ある意味強制的に加入させられたのです。このサービスは、一定の時間、トイレのドアの開閉をしなければセキュリティ会社に通報されるというものです。単身入居者が何らかの理由で倒れても、そのまま放置され、誰も通報してくれない確率が高いので、そのリスクを少しでも回避するというものです。

　さて、このモデル契約条項では、賃借人が亡くなったときに賃貸借契約を亡くなった賃借人に代わって解除できるという委任契約（以下「解除関係事務委任契約」といいます）の受任者と亡くなった委任者である賃借人の残置物を処分できるという事務委託契約（以下「残置物関係事務委託契約」といいます）の受任者を、あらかじめ決めておくという賃借人と第三者との間の契約を規定しています。

　それは、家主と賃借人といった賃貸借契約の当事者のみで、賃借人死亡後の残置物を処分できるといった内容ではなく、賃貸借契約の当事者以外の第三者を関与させて、すなわち、残置物の処分を行う第三者と賃借人との間で契約を別に行って残置物処分ができるようにしているのです。

　さて、モデル契約条項を使えば、家主は単身高齢者に安心して部屋を貸すことができるのでしょうか。このことは賃借人や賃借人から頼まれた受任者がモデル契約条項を使いやすいかどうかということの裏返しでもあります。したがって、賃借人及び受任者の立場でモデル契約条項を使いやすいかどうかを検証していく必要があります。

　賃借人の立場からは、賃貸借契約の保証人をお願いするよりも、自分が死亡した後の賃貸借契約の解除や残置物の処分を委ねられる受任者を探し出す方が、滞納家賃や原状回復費用の連帯保証を求められる保証人を探し出すよりも簡単に思われます。一方で受任者となる第三者の立場からは、受任者となった場合の責任がどの程度求められているのかということが、最大の関心事だと思われます。なお、モデル契約条項のうち残置物関係事務委託契約は、保証人がいる場合には無効となる可能性があります（モデル契約条項の前注にも、個人の保証人がいる場合には、保証人に残置物の処理を期待することもできるため、残置物リスクに対する不安感は生じにくいと思われるので、民法90条や消費者契約法10条に違反して無効となる可能性があると記載されています）。ただし、保証人そのものは賃貸借契約を解除できませんので、保証人がいても解除関係事務委任契約を第三者との間で行うことは問題がありません。したがって、このモデル契約条項中、メインとなる残置物関係事務委託契約を使える賃借人は、保証人を立てられない賃借人ということになります。

　次に、第三者が受任者となるインセンティブが働くのかどうかについての重要な論点である受任者の責任について検証していきましょう。

　モデル契約条項によれば、解除関係事務委任契約では2条に受任者の義務を規定しています。また、残置物関係事務委託契約では2条に委託する

事務を、3条に受任者の義務を、5条以下には委任者死亡後の事務を規定しています。果たしてこれらの事務を受任者として誰からもとがめられることなくやり遂げることができるのでしょうか。もちろん、受任者が弁護士でない場合には、非弁活動（弁護士法72条・73条）にならないことが前提です。

弁護士法（昭和24年法律205号）
（非弁護士の法律事務の取扱い等の禁止）
第72条　弁護士又は弁護士法人でない者は、報酬を得る目的で訴訟事件、非訟事件及び審査請求、再調査の請求、再審査請求等行政庁に対する不服申立事件その他一般の法律事件に関して鑑定、代理、仲裁若しくは和解その他の法律事務を取り扱い、又はこれらの周旋をすることを業とすることができない。ただし、この法律又は他の法律に別段の定めがある場合は、この限りでない。
（譲り受けた権利の実行を業とすることの禁止）
第73条　何人も、他人の権利を譲り受けて、訴訟、調停、和解その他の手段によつて、その権利の実行をすることを業とすることができない。

受任者の事務として、例えば、解除関係事務委任契約に基づいて委任者死亡後に当該賃貸借契約を解除する場合には、相続人の意向に従うため相続人を探し出し、その意向を確認する必要がありますが、全ての相続人を調査するには専門的な知識と経験が必要です。推定相続人や居住支援法人（低額所得者や高齢者などの住宅確保要配慮者に対し、家賃債務保証の提供、賃貸住宅への入居に係る住宅情報の提供・相談、見守りなどの生活支援等を実施する法人として、都道府県が指定するものをいいます。以下同じです）の全てにそういった知識があるか疑問です。

また、残置物関係事務委託契約では、金銭の取扱いの規定があり、残置物の換価によって得た金銭や委任者死亡後の物件内にあった金銭を、相続人に返還することが規定されています。相続人を探し出す能力は最低限必要なのです。もちろん、委任者である賃借人が受任者に全ての相続人をあらかじめ伝えておけば何の問題も生じませんが、このモデル契約条項の対

象となる賃借人は保証人も付けられない、すなわち、友人もおらず、身寄りもいない（推定相続人とは音信不通状態が長く続いたりしている者も含みます）単身高齢者であることが想定されることから、一般的には相続人が誰で、どこに住んでいるかといった情報は期待できないと考えるのが通常だと思われます。したがって、専門的な知識が求められるという点において、推定相続人や居住支援法人という第三者が受任者になるインセンティブは働きにくいというのが予想されるところです。

　現実的には、賃貸人から委託を受けて物件を管理している管理業者が受任者となることが想定されます。しかし、この場合も管理業者に委ねるだけの資金力がある家主に限られると思われます。なお、モデル契約条項の第1の前注（184頁参照）では「賃貸人から委託を受けて物件を管理している管理業者が受任者となることについては、直ちに無効であるとはいえないものの、賃貸人の利益を優先することなく、委任者である賃借人（の相続人）の利益のために誠実に対応する必要がある」と記載されており、国の立場は当事者間の問題として責任を転嫁したにすぎないと思われます。なお、管理業者に管理料を支払える家主であっても、適格消費者団体（不特定かつ多数の消費者の利益を擁護するために差止請求権を行使するために必要な適格性を有する消費者団体として内閣総理大臣の認定を受けた法人をいいます）から消費者契約法の消費者団体訴訟制度に基づく差止請求訴訟を提起されることになれば別の費用も発生しますので、たちまち振り出しに戻るかもしれません。また、モデル契約条項に確認的に記載されている「…委任者は賃借人であるから、賃借人がその意思に従って受任者を選ぶべきであることはいうまでもない」との文言も気になるところです。住居を確保したい高齢単身者が情報量や交渉力が圧倒的に違う管理業者から受任者の説明を受けたときに、それを断れば入居させてくれないのですから、管理業者の意思に従うしかないのが現実的なところではないでしょうか。

　一方で、厚生労働省のホームページには、住まい支援の連携強化のための連絡協議会のページが設けられています。そして、そのページには「第

2回住まい支援の連携強化のための連絡協議会　議事概要」が掲載されています（https://www.mhlw.go.jp/content/000810845.pdf）。議事概要を確認しますと、次のように、全国母子寡婦福祉団体協議会の理事長からの意見が掲載されており、国土交通省住宅局総合整備課長から説明がされています。

○**全国母子寡婦福祉団体協議会（理事長）**	○**国土交通省住宅局住宅総合整備課（課長）**
・（一部省略） ・公営住宅の入居者が亡くなり残置物が放置されている。御遺族のお子さんが家賃を払い続けていて、荷物を半年あるいは1年以内に片付ける、といったルールがないので、働いていると片付けができず4、5年放置され荷物置き場となってしまっている。しかし、他にも公営住宅へ入居を希望している方のためにも、残置物の取り決めを最初に決めておくなど見直しの機会と思う。公営住宅に入居を希望している方が入れるよう仕組み作りをしていただきたい。	・（一部省略） ・ちんたい協から御紹介のあった残置物の対応についても進めていき、公営住宅を有効に活用していただけるよう、地方公共団体に働きかけてまいりたい。また、住宅局と地方公共団体とで意見交換できる場もあるので、こうした御指摘があったこと含めて、今後の対応を促していきたいと考えている。

（出典：第2回住まい支援の連携強化のための連絡協議会　議事概要）

　国土交通省住宅局住宅総合整備課長がいう「ちんたい協から御紹介のあった残置物の対応についても進めていき、公営住宅を有効に活用していただけるよう、地方公共団体に働きかけてまいりたい」については、第2回住まい支援の連携強化のための連絡協議会の資料7に、次のような注意を促す説明があります。

モデル契約条項を利用する際の注意点
➣単身の高齢者（60歳以上の者）が賃貸物件を借りる場合に利用していただくことを想定しています。

> ➤入居者の財産の管理に一定の負担をかける面があるため、家主の契約関
> 　係や残置物の処理への不安感が生じにくい場面で利用した際には、民法
> 　や消費者契約法に違反して無効となる可能性があります。
> ➤入居者と受任者がモデル契約条項の内容を十分に理解したうえで同意し
> 　ていることが必要です。
> ➤モデル契約条項が無効となる可能性がある入居者の例
> 　「若年層の方」「60歳以上の二人世帯」「遠方でも保証人が確保できる方」

（出典：第2回住まい支援の連携強化のための連絡協議会　資料7　公益社団法人 全国賃貸住宅経営者協会連合会資料）

　このように注意点を示されていますが、特に「入居者の財産の管理に一定の負担をかける面があるため、家主の契約関係や残置物の処理への不安感が生じにくい場面で利用した際には、民法や消費者契約法に違反して無効となる可能性があります」の部分については、無効となる可能性の例を示してはいるものの解釈の余地があることで家主が混乱します。果たしてこのようなモデル契約条項が、残置物リスクを軽減して家主が単身高齢者に貸しやすくなるのか大いに疑問が残るところです。

3　終身建物賃貸借標準契約書との関係

　今般のモデル契約条項には、国土交通省が作成している「終身建物賃貸借標準契約書」に基づく説明が一切ありません（「大家さんのための単身入居者の受入れガイド」5頁（第3版、令和3年6月）に終身建物賃貸借契約を結ぶことができるとの記載がありますが、今般の死後事務委任契約との違い等についての記載は全くありません）。終身建物賃貸借標準契約書に基づく契約を行うには、バリアフリー化された賃貸住宅を高齢者が終身にわたって賃貸する場合に、借地借家法の特例として賃借人が死亡したときに終了する旨を定めることが必要です。また、この契約を結ぶには、事前に都道府県知事

の認可が必要です。すなわち、この契約はバリアフリー化された賃貸住宅の家主でないと認められないということになります。したがって、この契約との違いを考慮して今般のモデル契約条項（残置物関係事務委託契約のみ）を分かりやすく説明すれば、バリアフリー化されていない、家賃が低廉で個人の保証人も立てられないような資金に余裕がない賃借人を対象者として賃貸を行う大家を対象としているということが分かるのです。

4 自治体との連携

　ある自治体の事例ですが、生活保護を利用していた母親とその長男が賃借物件内で死亡しているのが母親の介護支援のケアマネージャーを通じて発見されました。母親は処方薬の大量服薬による死亡、長男は餓死と判断されました（「DIAMOND online」https://diamond.jp/articles/-/263281）。水道は止められ、保護費も受け取りに来ておらず一般的には理解不能な事件でした。少なくとも水道の利用状況だけからは賃借物件に居住していないと判断できないケースが福祉的視点からは現実にあったのです。

　こういった事例を鑑みれば、一概に電気・ガス・水道の使用状況により賃借物件を利用していないと断定することはできないケースもあることが分かります。しかし、賃貸人としても自治体の応援があれば、より入居を断らない賃貸住宅の経営に乗り出すインセンティブにつながると思われます。この点、入居を断られない賃貸住宅の確保に直接作用するものではありませんが、行政が法律を誠実に執行することで、個人宅のゴミ屋敷を解消した事例を自治実務セミナー2020年6月号の56頁で紹介しています。A市内の個人宅において、行旅死亡人が発見されたケースにおいて、A市が明治時代の法律を活用してゴミ屋敷のゴミを撤去した事例でした。「公」が関与することで良い方向につなげることができたのです。

　今般のモデル契約条項は、受任者となる者にとっては、その責任の重さ

から敬遠される傾向が強いのではないかと検証してきました。このため家主のために報酬をもらいながら物件を管理する管理業者が受任者になることが現実的ですが、既述のようにそのことについても万全ではありません（93頁）。

　さて、モデル契約条項を民間の賃貸住宅において民間の力だけで使い切ることには大きな疑義が想定されるものの、「公」が関与することで良い方向につなげることはできないでしょうか。そこでまず、このモデル契約条項を自治体が管理する公営住宅に活用することができないか検討します。

　この点については、公営住宅の場合には「入居者が死亡した場合には、その相続人が公営住宅を使用する権利を当然に承継すると解する余地はない」とされていますので（最判平成 2 年10月18日民集44巻 7 号1021頁）、解除関係事務委任契約については活用の必要がないことになります。しかし、残置物関係事務委託契約については、公営住宅にも一部活用が可能な部分もありますから検討してみましょう。

　さて、残置物関係事務委託契約においても重要なポイントは既述（91頁以下）のように受任者になる者がいるかどうかです。もっとも、公営住宅の場合には保証人を不要としている場合（令和 2 年 4 月 1 日施行の改正民法により個人保証人の場合に極度額の設定や情報提供義務等の創設により、自治体によっては保証人を不要とする公営住宅も登場しています）以外には残置物関係事務委託契約を結ぶことはできませんから、保証人を不要としている自治体や保証人が死亡する等して存在しないケースの活用が考えられます。

　公営住宅の場合でも、一般私人の第三者に受任者になってもらうことは困難だと思われます。住宅に困窮する低額所得者の住宅セーフティネットとしての公営住宅ですから、残置物関係事務委託契約を結べない入居者であっても入居させなければなりません。しかし、入居者が死亡後、残置物があった場合の次の公募に支障が出ては、公営住宅を管理している者の説明責任は果たせません（公営住宅法15条には「事業主体は、常に公営住宅及び共同施設の状況に留意し、その管理を適正かつ合理的に行うように努めなければ

ならない」と自治体の管理義務が規定されています）。このため、入居者が居住する自治体の創意工夫が求められることになります（本書で紹介している死因贈与契約を利用した事例も創意工夫の一事例です）。具体的には、自治体として生活困窮者自立支援事業の一環として住居の確保といった施策の観点から、福祉部局の担当課長あるいは社会福祉協議会の担当課長が、職務の一環として受任者となることを検討すべきと思われます。また、公営住宅以外の民間賃貸住宅の場合でも、自治体の空き家対策の一環として、あるいは、生活困窮者自立支援の一環としてそれぞれの担当課長が受任者になることを検討すべきではないでしょうか。当該事務には、自治体の任期付弁護士職員であったり、相続人調査の基本である戸籍事務を担ってきた再任用職員や会計年度任用職員を利用したりすれば新たな出費はかかりません。

入居者が
失踪した場合について

1 訴訟による解決

　入居者が失踪した場合、保証人に連絡し家賃や契約解除後の原状回復費用の求償に備えることが必要であることはいうまでもありません。なお、保証人には、賃貸借契約の解除権がないため、保証人に当該契約を解除してもらうことはできません。モデル契約条項の解除関係事務委任契約は、賃借人である委任者の死亡後の死後事務委任契約なので、モデル契約条項では契約の解除をすることができないのです。このため、まずは訴訟による解決手法を確認していきます。

　入居者が失踪した場合には、例えば、国の「公営住宅管理標準条例（案）について」（平成8年10月14日住総発153号建設省住宅局長から各都道府県知事宛、以下「モデル条例」といいます）の41条では、「正当な事由によらないで15日以上市営住宅を使用しないとき」を市営住宅の明渡請求事由としています。このため、あらかじめ市長の承認を得ることなく、15日以上市営住宅を使用しないなど明渡事由がある場合には、訴訟手続により市営住宅の明渡しを求めることになります。そして、訴訟による解決のための具体的な手続としては、入居者が所在不明であることを裏付けるために、入居者の住民票・住宅管理課職員の報告書（入居者の所在を調査したものの不明である旨の報告書）を添付し、「訴状」を公示送達の方法によって送達することになります。この場合には、訴状に「本訴状をもって入居者との賃貸借契約を解除する意思表示をなす」旨を記載し、訴状を公示送達によってその行方不明者に送達すれば、その解除の意思表示も到達したことになります（大場民雄『Ｑ＆Ａ地方公務員のための公営住宅運営相談』第2巻3015・15〜3015・17頁（ぎょうせい、1993））。

　その後、終局判決を債務名義として強制執行手続を経て、家財道具等の撤去を完了するといった手続が考えられるところです。

　したがって、この方法によれば債務名義を得て、家財道具等の撤去まで、時間と新たな公費支出が必要になります。

2　その他の解決手法

　訴訟による解決には、通常多額の費用と時間がかかります。このため、単身入居者が死亡したケースのような解決手法がないか検討が必要です。

　具体的に放置された家財道具等を撤去しようとすれば、どの程度の量があるのか確認は不可欠です。そうしないと撤去費用等の見積りもできません。しかし、単身入居者が死亡しているのではなく、行方不明であるということに大きな違いがあるのです。

　すなわち、死亡していることが明らかでないため、賃貸借契約が当然には終了していないのです。したがって、刑法130条の「正当な理由がないのに」人の住居等に侵入すれば、住居侵入罪が成立してしまうことに、自治体職員は注意しなければなりません。そこで「正当な理由」を説明できるのか、又は「侵入」にならないための手法はあるのかといった論点を整理する必要があります。

> **刑法（明治40年法律45号）**
> （住居侵入等）
> 第130条　正当な理由がないのに、人の住居若しくは人の看守する邸宅、建造物若しくは艦船に侵入し、又は要求を受けたにもかかわらずこれらの場所から退去しなかった者は、3年以下の懲役又は10万円以下の罰金に処する。

　この「正当な理由」の判断については、最決昭和28年5月14日刑集7巻5号1042頁は、家賃を支払わない賃借人を追い出すために大家が侵入する行為は、正当な理由に該当せず、住居侵入罪が成立するとしています。一方で公営住宅については、住宅セーフティネットの確保という大義はあるものの、基本的には民事上の法律規制に従うべきであることは既述のとおりです（32頁以下）。したがって、一般的には「正当な理由」を自治体が説明することは困難ではないかと思われます。しかし、公営住宅という公の営造物が税金により維持・管理されている現状の公益性を最大限に考慮す

ることが必要ではないかと考える立場からは納得できない結論です。

次に「侵入」の解釈ですが、最判昭和58年4月8日刑集37巻3号215頁の立場は、「他人の看守する建造物等に管理権者の意思に反して立ち入ることをいうと解すべき」とし、保護法益を住居等に対する事実上の支配・管理権とする新居住権説とされているようです（前田雅英『刑法各論講義』115頁（東京大学出版会、第7版、2020））。すなわち、行方不明の入居者の意思に反しているかどうか、あるいは、その者の事実上の支配・管理権を犯したことになるのかどうかの整理が必要です。これらについては、後ほど詳細に検討します（117頁以下）。

以上のとおり、自治体の職員が失踪した者の部屋に入る根拠は、刑法上の観点から部屋で倒れているのではないかといった安否確認など、正当な理由がある場合に限定されており、できないと考えるべきかもしれません。このため実務の観点からは「訴訟手続から強制執行」を経て解決する手法を選択することが無難だとも思われます。しかし、公営住宅の公益性や住宅セーフティネット機能の現状からは、公営住宅ならではの施策を考えておくことが必要ではないかと考えます。ここで先ほどの大阪高裁判決（85頁）を参考に対策を立てることとしましょう。もちろん、現時点では最高裁判所まで争われていることから、その準備をしておくことが重要です。

具体的には、自治体の条例に例えば失踪時の特例として、賃貸借契約の終了の有無を問わず、①賃借人が賃料等の支払を3か月以上怠り（モデル条例41条では3か月以上の家賃の滞納を住宅の明渡し請求原因としています）、②自治体の住宅管理部門担当者が合理的な手段を尽くしても入居者本人と連絡が取れない状況の下、③電気・ガス・水道の利用状況や郵便物の状況等から公営住宅を相当期間利用していないものと認められ、かつ、④公営住宅を再び占有使用しない入居者の意思が客観的に察することができる事情があるときは、入居者が公営住宅を明け渡したとみなして残置物を処分できるという条項を自治体の条例案に明記して準備しておくことです。大阪高裁判決が最高裁判所でも維持されるようであれば、4つの要件を条例

に具体的に規定することによっていったん別の場所で残置物を保管し、さらに一定の期間の経過とともに占有が放棄されたものとして扱うことが可能となります（87頁参照）。

3 現状では入居者が失踪した場合には法改正により根拠規定を設ける必要がある

　単身入居者が失踪した場合に、放置された家財道具等を確認するために当該居室に入ることに関し、失踪した入居者の個人法益に対する罪と解されている住居侵入罪に抵触しないという確実性がなければ、自治体職員は個人的な責任を問われ、その身を守ることができません。もちろん、大阪高裁判決のような自力執行が認められることになれば、自治体の条例を根拠に責任を問われることもないでしょう。しかし、現時点では最高裁判所の判断待ちの状況でもあり、準備をしておくにしてもこのことをどう解決できるのでしょうか。

　A市営住宅においては、家賃が低廉ということもあり、また、減免制度や徴収猶予の制度があるため、入居者が行方不明になるようなケースは、現状ではありません。しかし、高齢社会の進行により、単身世帯も増えていることから、そういった事態に備える必要があります。単身入居者が死亡した場合とは違い、生存している可能性が高いことから、個人のプライバシー保護という観点からも慎重に検討しなければなりませんが、自治体の条例に住居侵入罪にならない「正当理由」がないなかでも法律に根拠規定があれば自治体職員も安心して業務を遂行できます。

　こういった観点からは、単身入居者が失踪した場合、自治体は当該入居者の残した家財道具等を移動し、保管し、及び処分できるという根拠規定を法律に規定してもらうことで「正当な理由」を説明できるのではないか

と考えます。

　しかし、単身入居者が死亡した場合と同様に法改正が実現するまで何も
しないわけにはいきません。

自治体の条例を根拠に
どこまで対応できるのか

最高裁判所の判断待ちということもありますが、大阪高裁判決を参考にした占有権の放棄を擬制する条例への明記を根拠とした占有権の消滅について、86頁及び102頁で説明しているような条例案を準備しておくことが必要です。ここでは、最高裁判所の判例が出るまでの対応を検討していきます（87頁参照）。

　身寄りのない単身入居者が死亡した場合や失踪した場合に、公営住宅内に残されたままの家財道具等を移動し、保管しなければ当該公営住宅を速やかに公募できず住宅セーフティネットの確保にも支障が生じます。また、事業主体である自治体が当該家財道具等の所有権を取得できなければ、処分することもできず、いつまでも保管しなければなりません。処分できなければ保管費用のための新たな支出により、自治体の負担も増えかねません。このため、現行法の下で行える施策を検討してきました。特に、単身入居者が死亡した場合については、A市で行っている施策やその課題も紹介し、対策案も具体的に提案してきました。しかし、その施策については一定の限界があることも明らかになりました。そこで、現状では全国どこの自治体においても行われていない、根拠法令を自治体の条例に定めることで、裁判上の手続によることなく残されたままの家財道具等を撤去し、速やかに当該公営住宅を公募することができないかの検討を行います。なお、条例案の検討に当たっては、将来の訴訟リスクに備え、新たに入居する者から特約条項としての条例規定を適用させることが考えられます。しかし、A市の現状の入居状況からは本書での問題提起を解決することにはつながりません。このため、既存の入居者にも適用させることを前提に考えていく必要があります。国対応方針に添付されていた自治体のこのような場合における対応は既に分析したとおり、当該自治体の担当者により温度差があるというのが実態だと思われます。このため、国対応方針のまま新たな施策展開を図らないことも十分に想定されるところです。一般的に自治体は、法令に違反しない限りにおいて、地域における事務に関し、条例を制定することができます。また、義務を課し、又は権利を制限するに

は、法令に特別の定めがある場合を除くほか、条例によらなければならないとされています（地自法14条1項・2項）。

地自法
第14条　普通地方公共団体は、法令に違反しない限りにおいて第2条第2項の事務に関し、条例を制定することができる。
②　普通地方公共団体は、義務を課し、又は権利を制限するには、法令に特別の定めがある場合を除くほか、条例によらなければならない。

　本書で問題提起している公営住宅に関する法令である公営住宅法や住宅地区改良法、そして、これらの政令や省令に単身入居者が死亡後又は失踪した後に残された家財道具等を移動し、保管して処分するための規定はなく、また、そのことを条例で規定することを禁じる規定もありません。このことから残されたままの家財道具等を移動し、保管等するための根拠法令を自治体の条例に定めることを検討する意味は非常に大きいと考えます。

　そもそも公営住宅と民間の賃貸住宅とで同じ法規制でよいと主張する考え方である「公営住宅の利用関係の法律的性質はあくまでも私法上の賃貸借関係であり、公営住宅法及びこれに基づく条例に特別の定めのある場合のほかは、民法及び借地借家法の適用があると考えるべきである。したがって、民法及び借地借家法を適用することが適切でないという立法政策的判断がある場合には、これを公営住宅法等において明文化することが必要である」（太田和紀『地方自治職員研修1986・9』67頁）といった考え方に照らしても自治体の条例に明文化することで、私法上の賃貸借関係にある現状を変えることができると解釈することが可能なのです。

　公営住宅法は1条で規定するように「…住宅に困窮する低額所得者に対して低廉な家賃で賃貸し…国民生活の安定と社会福祉の増進に寄与すること」を目的とする法律です。すなわち、こういった目的の下に賃貸された公営住宅は営利上の計算に基づく民間の賃貸住宅とはそもそも出発点が違うのです。しかし、現状では条例に特別の定めがないために私法上の賃

107

貸借関係であることに甘んじているにすぎないと考えるのです。「住宅に困窮する低額所得者」に速やかに賃貸するために、現に使用されていない公営住宅等を条例の根拠の下に取り戻すことは、むしろ公営住宅法の目的であると解することが可能なのです。「公営住宅は、民間住宅市場において自力では最低居住水準の住宅を確保することができない世帯のために供給するものであって…事業主体には利益が生じることを前提としておらず、逆に、事業主体たる地方公共団体が国とともに財政的負担をなすことを前提として制度が成り立っている。…家賃の減免など、私的主体にはなじまない義務も事業主体のなすべき事務に含まれている」（住本靖＝井浦義典＝喜多功彦＝松平健輔『逐条解説公営住宅法』9〜10頁（ぎょうせい、2008））と事業主体を地方公共団体に限定する理由がこの解釈を後押しするのです。また、仮にこういった解釈に飛躍があるとしても、国の法令に基づく規制の程度では、自治体が住民生活に対し地方自治的責任を負う自治事務について地域の行政需要に到底応えられないという場合、地方自治的責任を果たすための「上乗せ条例」が法令に違反せず法認されるものと解される（兼子仁「第二回放置規制条例と道交法との関係」『地方自治職員研修』96頁（公職研、1986年10月号））という有力な考えもあることから、以下、住宅セーフティネットの確保という大義の下、最小の経費で最大の効果を発揮できるような視点から、当該自治体の条例で残された家財道具等にどこまで対応できるのかの検討を行います。

1 単身入居者が死亡した後に残された家財道具等の撤去について

(1) 居室への立入りについて

単身入居者死亡後に残された家財道具等の確認をしようと思えば、鍵のかかった居室に立ち入る必要があります。先にも述べたように、単身入居

者が死亡後の公営住宅においては、その相続人が当該公営住宅を使用する権利を当然に承継するものではありません。一方、既述の判例の立場からは、被相続人の事実的支配の中にあった物は、原則として、当然に相続人の支配の中に承継されると見るべきであり、その結果として、残された家財道具等に対する占有権も承継されていると考えることができます（最判昭和44年10月30日民集23巻10号1881頁）(54頁)。そこで、占有権を有する相続人の同意なしに当該居室に入る行為が、刑法上の住居侵入罪に抵触しないかといった論点が考えられるところですが、家財道具等に対する占有権と当該居室の管理権とは別に考えるべきであり、法益の侵害には当たらないと考えます。また、住居侵入罪の規定は、あくまでも生存している個人のプライバシーの保護にあります（鈴木晃「住居侵入罪の保護法益について」中京法学47巻3・4号295〜315頁（2013））。鈴木教授は「住居侵入罪は個人の住居内での自由や安全を侵害するものであり、それはプライバシーに深く関わるものであることから、現在では個人法益に対する罪であることに見解の一致がある」としています）。したがって、死者のプライバシーといった論点があるとしても当該居室に立ち入ること自体は、公営住宅を管理するものの権限として可能であると考えます。

(2)　家財道具等の移動及び保管について

　次に、居室に残された家財道具等を移動し、保管する必要がありますが、公益性のある公営住宅であっても、入居決定後の法律関係は、原則、民間の賃貸住宅の法律関係と変わらないというのが最高裁判所の判例ですから、法律に別段の定めがない以上、法治主義の下で、原則として自力救済は許されません。どういった根拠で家財道具等を移動し、保管することができるのでしょうか。この点、既述のように、全国市長会の分権時代の都市自治体のあり方に関する検討会では、「違法に放置された自動車・船舶等の撤去・除去について独自の条例で規定することは、即時強制という位置付けをもって一般的には可能」とされています。したがって、即時強制の根拠

を条例で規定すれば放置されたままの家財道具等を移動して別の場所で保管することまではできると考えられます。この場合に留意しなければならないのは、行政上の即時強制とは、「目前急迫の必要があって義務を命じる暇がない場合に、行政機関が相手方の義務の不履行を前提とすることなく、直接いきなり国民の身体や財産に実力を加え、行政上必要な状態を作り出す作用をいう」と定義されている（原田尚彦『行政法要論』241頁（学陽書房、全訂第7版補訂2版、2012））ことや、「即時強制のような、相手方の自由を有形力を行使して実力で抑止する作用は、できるだけ法律で定めるべきである。とくに、行政上の強制執行の定めは法律の専権事項とされ条例では強制執行の権限を創設できないとされていることを考えると（行政代執行法1条参照）、条例で即時強制の根拠を定め直接強制に代替する機能を果たさせることが許されるかは疑問である」と条例を根拠にした即時強制には基本的に消極的な考えもあることです（原田・前掲書243頁）。

> **行政代執行法（昭和23年法律43号）**
> 第1条　行政上の義務の履行確保に関しては、別に法律で定めるものを除いては、この法律の定めるところによる。

しかし、そういった考えの下においても「明白な危険行為や危険物の除去（放棄自動車や不法係留船の撤去のごとし）など、正当防衛ないし緊急避難的措置は、法律の不備を補い、地域社会の秩序保持に必要な限りにおいて最小限、条例で定めることが許されてよい」とも解されており（原田・前掲書228頁）、一定の場合の緊急避難的措置が許される余地があると考えることができるのです。一般的に条例で規定するためには、「市民への説明責任を果たし、場合によっては、違憲ではないか、法律に矛盾抵触していないかについての裁判所の審査に耐えられる主張をするため」（磯崎初仁『自治体政策法務講義』126頁（第一法規、改訂版、2018））の立法事実が必要です。この点、単身入居者が死亡後に放置されたままの家財道具等を住宅セーフティネット機能を有する公営住宅の確保のために移動し、保管する

必要性こそが立法事実として当てはめる余地があるのではないかと考えるのです。

　既述のように、公営住宅は住宅に困窮する低額所得者に対する住宅セーフティネットの機能を果たしています（14頁）。しかし、自治体の財政状況が厳しいこともあり、新たな財源を確保することはもとより、現在の公営住宅の管理戸数を維持することすら困難な状況であることから、新たな公営住宅の建設は難しいのが現実なのです。また、公営住宅に入居後は、原則として生涯にわたり居住することが可能なため、空きは非常に少なく新たな公営住宅の需要に追い付いていないのです。そこで「緊急避難的措置」を住宅セーフティネットの確保という立法事実に求めることで、条例を根拠にして、当該家財道具等を移動し、保管することまでは可能であると解釈することが可能です。なお、家財道具等の移動・保管は、条例に基づく即時強制で対応可能だとしても、そういった条例改正ができるかどうかは、当該自治体内で議会の審査に耐え得ることが前提となります。例えば、家財道具等を移動・保管するだけの条例でいいのか。保管に多額の費用がかかるときにどうするのか。少なくとも保管後の処分に関する説明は必要です。過去、放置自転車対策条例において、撤去・保管することは条例を根拠として即時強制ができると解されていましたが、引き取り手のない自転車の処分を条例に定めることができるかどうかは、憲法上の問題として議論されてきたからです。この点、放置自転車の撤去後の処分については、所有権を取得する必要がありますが、自転車の安全利用の促進及び自転車等の駐車対策の総合的推進に関する法律の一部を改正する法律（平成5年法律97号）により、明文の規定が設けられ（同法6条）、自治体の所有権取得が明確になった経緯があります。

自転車の安全利用の促進及び自転車等の駐車対策の総合的推進に関する法律（昭和55年法律87号）
第6条　市町村長は、駅前広場等の良好な環境を確保し、その機能の低下を防止するため必要があると認める場合において条例で定めるところにより放置自転

車等を撤去したときは、条例で定めるところにより、その撤去した自転車等を保管しなければならない。

2 　市町村長は、前項の規定により自転車等を保管したときは、条例で定めるところによりその旨を公示しなければならない。この場合において、市町村長は、当該自転車等を利用者に返還するため必要な措置を講ずるように努めるものとする。

3 　市町村長は、第1項の規定により保管した自転車等につき、前項前段の規定による公示の日から相当の期間を経過してもなお当該自転車等を返還することができない場合においてその保管に不相当な費用を要するときは、条例で定めるところにより、当該自転車等を売却し、その売却した代金を保管することができる。この場合において、当該自転車等につき、買受人がないとき又は売却することができないと認められるときは、市町村長は、当該自転車等につき廃棄等の処分をすることができる。

4 　第2項前段の規定による公示の日から起算して6月を経過してもなお第1項の規定により保管した自転車等（前項の規定により売却した代金を含む。以下この項において同じ。）を返還することができないときは、当該自転車等の所有権は、市町村に帰属する。

5 　第1項の条例で定めるところによる放置自転車等の撤去及び同項から第3項までの規定による自転車等の保管、公示、自転車等の売却その他の措置に要した費用は、当該自転車等の利用者の負担とすることができる。この場合において、負担すべき金額は、当該費用につき実費を勘案して条例でその額を定めたときは、その定めた額とする。

6 　都道府県警察は、市町村から、第1項の条例で定めるところにより撤去した自転車等に関する資料の提供を求められたときは、速やかに協力するものとする。

このため、条例改正時の議会審査では、放置自転車の処分に関する法令改正の実績との整合性が足かせになる可能性が高いとも考えられます。

しかし、少なくとも単身入居者死亡後の残された家財道具等を裁判手続を経て処分しようとすれば、44頁以下で検討したように、その前提である相続人の調査をはじめその後の具体的な相談に長期間を要することやその間にも家賃相当額の損害金が発生し続けること（モデル条例16条1項は、「…入居者が市営住宅を明け渡した日…までの間、家賃を徴収する」と規定しています。しかし、入居者は死亡しており、入居の権利が当然には承継されないことか

ら家財道具等に占拠されたまま公営住宅が明け渡されないため家賃相当額の損害金が発生するのです）、裁判上の手続を弁護士に委ねることによる新たな税金の支出があること、何よりも住宅セーフティネット機能を果たしている公営住宅を速やかに公募できないことなどを丁寧に説明することで、当該家財道具等を移動し、保管することまでの理解は得ることができるのではないかと考えます。

(3)　移動し、保管した家財道具等の処分について

自治体が公営住宅に残された家財道具等の処分をするには、当該家財道具等の所有権を取得しなければなりません。もちろん、ゴミと一見して判別できるものであれば所有権取得の議論ではなく、公の営造物を管理する立場で部屋の清掃をすることになります。しかし、相続人からすればゴミではなく形見として手元に残したいものもあるでしょう。こういった当事者の主観がトラブルの原因につながることを違う形で経験している自治体職員は多いと思われます。だからこそ、法律に則って手続を進めざるを得ないと考えるのが一般的なのです。

さて、財産の所有権移転に関する議論については、過去において「放置自転車の規制と処分の法学的検討」から多数の議論がされていました。そこで、これらの議論を参考に、以下一部引用しながら公営住宅に放置されたままの家財道具等の所有権移転について検討していきます。

一般的に、財産の所有権移転は、条例で規定することはできません。性質上全国一律性を要する規律事項で、「財産権の内容は、…法律でこれを定める」とされているように（憲法29条2項）、国の法律で規定すべきことで、自治体の条例事項ではないからである（兼子仁＝関哲夫編著『放置自転車条例』91頁（北樹出版、1983））とされています。

そして、放置自転車を処分するためには、当該自転車について自治体が所有権を取得していなければなりませんが、所有権移転のような全国一律的な財産権事項は、国の法律によらなければならず、この場合に、放置自

転車について自治体が所有権を取得することに関わる国の法律規定としては、「遺失物処理」に関する民法規定・遺失物法と、「無主物先占」に関する民法規定が一応考えられると説明されていました（兼子＝関・前掲書98頁）。

　一方で、遺失物処理との関係では、「持ち主が放置した自転車は、占有者の意思に基づく占有離脱物であるから、当然には遺失物ではない」し、持ち主の意思に基づく放置自転車は準遺失物（兼子＝関・前掲書98〜99頁によると、『他人ノ置去リタル物件』は占有離脱が占有者の意思に基づかないかどうかが不明なものとして、『準遺失物』と規定されているが（船橋・前掲書358〜359頁参照）、遺失物と同じ処理手続をとるべき物であって、持ち主の意識的な放置物はこれに当らない。放置自転車を準遺失物とする余地はあろうが、客観的には持ち主の意思に基づく放置自転車は準遺失物にも当たらないはずである」とあります）にも当たらないはずであるとも説明されていました。ところで、自治体による無主物先占の可能性については、①放置自転車は、都市公害物件として撤去・留置されたという面では、その所有権には既に内在的制約が伴っていること、②加えて現実の放置自転車は安価・簡易で持ち主の所有権意識が一般に弱い物であること、に鑑みるときは、③自治体行政上の一定手続を経た段階で、持ち主の所有権喪失を法解釈上認める余地があるという有力な考えがあるのです（兼子＝関・前掲書100頁）。そして、一連の自治体行政手続を通して、放置自転車に対する持ち主の所有権放棄を推定していくことは法的に可能であり、その結果、一定の段階で自治体が民法に基づいて無主物先占を判断することができると解されてきました（兼子＝関・前掲書100頁）。

　この議論を公営住宅内に残された家財道具等にそのまま当てはめることができないでしょうか。この点、前述の①の内在的制約といった論点に関しては、住宅セーフティネット機能の確保という観点から移動・保管していることまでの説明は成り立ちます。しかし、②に関しては、相続人の主観という客観的に分からないことや家財道具のなかには財産的な価値があ

るものが存在することも考えられるため、所有権意識が弱いとは一律にいえません。ただし、③については、限られた公の営造物という財産の適正な管理が、住宅セーフティネットの確保につながるという立法事実に照らしても、相続人の所有権喪失を適正な行政手続を経て保管した後に認めるなど、法解釈上認める余地があると考えることも可能です。

　すなわち、公営住宅内の残された家財道具等の所有権の消滅・移転は、法律事項であって条例事項ではないから、条例に、無主物のみなしないし推定、又は自治体の所有権取得を直接規定することはできませんが、相続人等の所有権放棄の推定及び自治体による無主物先占の手続として（兼子＝関・前掲書100頁）、一定期間保管することを規定することで、当該自治体に所有権が移転し、市営住宅に残されたままの家財道具等を処分できると考えることが可能なのです。

⑷　条例に根拠規定が整備された場合と現在実施中の施策の効果等

　A市で実施中の死因贈与契約は、条例改正後どうなるのでしょうか。

　一般的に死因贈与契約が有効に履行されている場合においては、その意思を尊重しなければなりません。しかし、受贈者が残された家財道具等に対する所有権放棄といった約束を履行しないときや、未提出者さらには入居者よりも受贈者が先に死亡している場合は、条例を適用することになります。このため、現在の施策が条例の整備によって無効になることはありませんし、また、マイナスの影響を受けることもないと考えます。

　したがって、読者の皆さんの自治体が、A市と同じように死因贈与契約を活用する施策を実施していても支障はないといえます。

2 入居者が失踪した後に残された家財道具等の撤去について

　放置されたままの家財道具等の撤去に先立ち、鍵のかかった居室に立ち入り、状況を確認する必要がありますが、どのような根拠に基づいて生存している可能性が高い失踪者の居室に入ることができるのでしょうか。101頁以下でも述べているように、刑法上の住居侵入罪に抵触しないようにしなければなりません。

　一般的に、事業主体は、常に市営住宅及び共同施設の状況に留意し、その管理を適正かつ合理的に行うように努めなければならない義務があります（公営住宅法15条）。そして、入居者の義務としては、モデル条例24条のような規定により、「引き続き○日以上使用しないときは、市長の定めるところにより、届出をしなければならない」とされており、これを怠れば、同条例41条により明渡請求事由となります。

公営住宅管理標準条例

第24条　入居者が県（市）営住宅を引き続き15日以上使用しないときは、知事（市長）の定めるところにより、届出をしなければならない。

（住宅の明渡請求）

第41条　知事（市長）は、入居者が次の各号の一に該当する場合において、当該入居者に対し、当該県（市）営住宅の明渡しを請求することができる。

一　不正の行為によって入居したとき。

二　家賃を3月以上滞納したとき。

三　当該県（市）営住宅又は共同施設を故意にき損したとき。

四　正当な事由によらないで15日以上県（市）営住宅を使用しないとき。

五　第11条、第12条及び第22条から第27条までの規定に違反したとき。

六　県（市）営住宅の借上げの期間が満了するとき。

2　前項の規定により県（市）営住宅の明渡しの請求を受けた入居者は、速やかに当該県（市）営住宅を明け渡さなければならない。

3　知事（市長）は、第1項第1号の規定に該当することにより同項の請求を行ったときは、当該請求を受けた者に対して、入居した日から請求の日までの期間については、近傍同種の住宅の家賃の額とそれまでに支払を受けた家賃の額との差額に年5分の割合による支払期後の利息を付した額の金銭を、請求の日

の翌日から当該県（市）営住宅の明渡しを行う日までの期間については、毎月、近傍同種の住宅の家賃の額の2倍に相当する額以下の金銭を徴収することができる。

4　知事（市長）は、第1項第2号から第5号までの規定に該当することにより同項の請求を行ったときは、当該請求を受けた者に対し、請求の日の翌日から当該県（市）営住宅の明渡しを行う日までの期間については、毎月、近傍同種の住宅の家賃の額の2倍に相当する額以下の金銭を徴収することができる。

5　知事（市長）は、県（市）営住宅が第1項第6号の規定に該当することにより同項の請求を行う場合には、当該請求を行う日の6月前までに、当該入居者にその旨を通知しなければならない。

6　知事（市長）は、県（市）営住宅の借上げに係る契約が終了する場合には、当該県（市）営住宅の賃貸人に代わって、入居者に借地借家法第34条第1項の通知をすることができる。

　モデル条例41条1項5号は、明渡請求事由にすぎないので、民間賃貸住宅同様に信頼関係が破壊されたこと等を主張し、裁判手続を経て家財道具等を撤去することが本来ですが、本書の目的は、単身入居者が死亡した場合や失踪した場合に放置されたままの家財道具等を撤去するために、多額の税金が投入された公営住宅に、さらに税金をつぎ込んで裁判手続を経て撤去しなければ、住宅セーフティネット機能を果たす公営住宅を速やかに確保できないことに、疑問を持って対案を検討することにあります。

　そこで、まず家財道具等の撤去に先立ち当該居室に入ることになるため、住居侵入罪に抵触するかどうか、その構成要件を再確認していきます。さて、刑法130条は、正当な理由がないのに人の住居等に侵入した際、住居等侵入罪が成立すると規定しています。

　ここで問題となるものが、「正当な理由」及び「侵入」の解釈です。この「正当な理由」の判断について、既述の判例では、家賃を支払わない賃借人を追い出すために大家が侵入する行為は、正当な理由に該当せず、住居侵入罪が成立すると判断しています（101頁）。正当な理由の例として、令状がある捜査や居宅で倒れている入居者の救助・火事等の緊急時が挙げられますが、単に長期連絡が取れない、家賃が支払われていないという理由で

は正当な理由があるとはいえません。しかし、長期にわたって行方不明であり、かつ、家賃が長期にわたって滞納になっているような場合という限定された事情（賃貸借契約解除通知を公示により意思表示し、適法に契約解除をしていることが前提となります）の下であれば、公営住宅の公益性に鑑みた場合、また、低層階の公営住宅のベランダから侵入した何者かが、家財道具等に放火する等の防犯・防災上の観点も否定できないことから、社会通念上正当な理由に該当する可能性もあるのではないかと考えます（周藤利一「不動産賃貸借における無断立入り・鍵交換に関する判例の動向」RETIO.2009.2（NO.72）50頁）。

　周藤教授は、「賃貸人が賃借人の同意なく立ち入って賃借人所有の動産を搬出する行為の違法性を判断するに当たっては、賃貸借契約の終了に伴う賃借人の明渡し義務が成立していることを前提に、賃借人自身による搬出が客観的に期待できない状況にあることがポイントになっていると言えよう。…さらに、…防災、防犯上の必要性という理由は、それ自体を不動産賃貸借契約に関し一般に用いられる法的手続によっては実現することが困難であるという事情からか、比較的容易に認められているように思われる」と解説されています。

　東京高判昭和51年9月28日判タ346号198頁でも、建物賃貸借解除後賃貸人が賃借人の建物への出入りを妨害した行為が、賃貸人の権利確保措置（被告が既に営業を中止し所在不明であったこと、建物を現状のまま放置しておくと保安上の不安も感じられたことなどから早期の権利の実現と損害拡大を防止し、あわせて保安上の問題を解決する必要から出た措置）として、不法行為を構成しないとされた事例がありました。

　次に、「侵入」の解釈については、公営住宅の性質上、個別・具体的に当該失踪入居者による当該公営住宅の支配・管理する意思を論ずることは不可能に近いと思われます。このため、刑法上の住居侵入罪に抵触しないための「正当な理由」の有無が最大の焦点となります。この点、既述のように公営住宅の住宅セーフティネットの確保という公共性を維持・発展させ

るための施策であることや防犯・防災上の要請によって「正当な理由」が
説明できると考えます。

　したがって、長期にわたって行方不明であり、かつ、家賃が長期にわた
って滞納になっているような失踪者が、残したままの家財道具等の移動・
保管の根拠を条例に規定することにより、その前提である状況確認のため
の入室に対する「正当な理由」が認められると考えます。守秘義務のある
住宅管理課職員が、失踪者の個人のプライバシーを十分に配慮しながら、
当該居室に立ち入ること自体も、正当な理由を補完するものと解すること
が可能です。また、失踪した者の居室に入室するだけではなく、残された
家財道具等を移動し、保管し、処分することについても、長期にわたって
行方不明であり、かつ、家賃が長期にわたって滞納になっているような場
合で、賃貸借契約を解除しているという限定された事情の下であれば、単
身入居者が死亡した後に残された家財道具等の撤去に準じて考えることが
できるのではないかと考えます。

第 11

福祉課所管の
法律を活用した施策の提案

前項までは、公営住宅において単身入居者が死亡後又は失踪後に、家財道具等が放置され公募できない状況への打開策として、従来の裁判費用を支出して時間のかかる手法により家財道具等を撤去したり、職員個人に責任問題が降りかかりかねない事実上の自力執行をしたりするのではなく、既存の法令を活用して迅速に撤去するといった手法を提案してきました。

　本項では、A市において福祉課所管の法律を活用して、ゴミ屋敷のゴミを廃棄したことから、これを応用して公営住宅に放置されたままの家財道具等を撤去できないか検討していきます。

1 ゴミ屋敷のゴミを撤去できるという 福祉課所管の法律の確認

　福祉課所管の法律を活用して、A市ではゴミ屋敷のゴミを撤去しました。なぜ私人宅にあるゴミを撤去することができたのでしょうか。この項ではそういった法令の根拠を確認していきます。さて、福祉課所管の法律には、死体の火葬等を行う者がいない場合の火葬義務者を定めています。そして、火葬を行った者に火葬費用の回収方法として、遺留物品の売却の権限までも認めています。また、場合によっては遺留物品の廃棄の権限も認められているのです。

⑴　亡くなった者の火葬を行う者がいない場合、 誰が火葬を行うのか

　身寄りのない者が亡くなり埋葬又は火葬を行う者がいなければ、法律上、次の表1のとおり、市町村、市町村長又は保護の実施機関が埋葬又は火葬を行うことになります。

表1　火葬の根拠法及び火葬を行う者

根拠法	火葬を行う者
行旅病人及行旅死亡人取扱法（明治32年法律93号、以下「行旅死亡人法」といいます） 第7条　行旅死亡人アルトキハ其ノ所在地市町村ハ其ノ状況相貌遺留物件其ノ他本人ノ認識ニ必要ナル事項ヲ記録シタル後其ノ死体ノ埋葬又ハ火葬ヲ為スベシ	行旅死亡人が発見された地の市町村 ※行旅死亡人とは、行旅中に死亡し、引取者がいない者又は住所、居所若しくは氏名が分からず、引取者がいない死者をいいます。
墓埋法 第2条　この法律で「埋葬」とは、死体（妊娠四箇月以上の死胎を含む。以下同じ。）を土中に葬ることをいう。 第9条　死体の埋葬又は火葬を行う者がないとき又は判明しないときは、死亡地の市町村長が、これを行わなければならない。	死亡地の市町村長
生活保護法（昭和25年法律144号） （葬祭扶助） 第18条　葬祭扶助は、困窮のため最低限度の生活を維持することのできない者に対して、左に掲げる事項の範囲内において行われる。 一　検案 二　死体の運搬 三　火葬又は埋葬 四　納骨その他葬祭のために必要なもの 2　左に掲げる場合において、その葬祭を行う者があるときは、その者に対して、前項各号の葬祭扶助を行うことができる。 一　被保護者が死亡した場合において、その者の葬祭を行う扶養義務者がないとき。	保護の実施機関（知事、市長、福祉事務所を管理する町村長又はその権限の委任を受けた福祉事務所長）

二　死者に対しその葬祭を行う扶養義務者がな
　　　い場合において、その遺留した金品で、葬祭
　　　を行うに必要な費用を満たすことのできない
　　　とき。

（出典：筆者作成）

　なお、埋葬又は火葬という表現をしていますが、埋葬とは、墓埋法2条
で説明されているように死体を土中に葬ることです。いわゆる土葬という
ものですが、実際には土葬を行うことはほとんどありません。この点、大
阪府墓地、埋葬等に関する法律施行条例（昭和60年大阪府条例3号）21条に
は、「墓地の経営者は、公衆衛生その他公共の福祉の見地から規則で定める
地域においては、埋葬をさせてはならない」という規定があります。そし
て、規則で定める地域として大阪府墓地、埋葬等に関する法律施行細則（昭
和60年大阪府規則49号）15条に「条例第21条の規則で定める地域は、埋葬の
慣習のある墓地であると知事が認める墓地の区域を除く府の区域とする」
と規定されています。

　大阪府内で埋葬の慣習のある区域はあるのでしょうか。筆者においては
大阪府のホームページで確認することはできませんでした。しかし、政府
統計の総合窓口e-Stat（https://www.e-stat.go.jp）から、「平成30年度衛生行
政報告例」の「第4章　生活衛生」中の「6　埋葬及び火葬の死体・死胎
数並びに改葬数、都道府県－指定都市－中核市（再掲）別」のCSVファイ
ルをクリックすると、「第6表　埋葬及び火葬の死体・死胎数並びに改葬
数、都道府県－指定都市－中核市（再掲）別」が表示されます。同表の大
阪府の欄を確認すると、大阪府内では火葬数が100,576、埋葬数が1となっ
ており火葬率がほぼ100%となっているものの土葬が認められている区域が
あることが分かります（令和2年度においては大阪府における埋葬数はゼロで
す（令和2年度衛生行政報告例））。

　また、全国的にも火葬数が1,429,840、埋葬数が393（令和2年度）となっ
ており火葬率が99.97%、埋葬（土葬）率は0.03%しかないことから、火葬の

方が圧倒的に多いことが分かります。都心部では土地が限られているという事情もありますが、日本では基本的に埋葬（土葬）する事例はあまりないと思ってよいでしょう。

　このため、埋葬又は火葬を行うと表現していても、大阪府内の自治体を含めほとんどの自治体では、埋葬又は火葬を行う者がいなければ市町村、市町村長又は保護の実施機関が火葬を行うことになります。したがって、以降は火葬という用語を使います。

　最初の問いに戻りますが、人が亡くなり火葬を行う者がいなければ市町村や市町村長等が税金を使って火葬を行うのです。

⑵　**火葬費用の回収**

　したがって、表2のように税金から支出した火葬費用の回収方法もそれぞれの法律に明記されています。

表2　火葬費用回収の根拠法及び方法

根拠法	回収方法
行旅死亡人法 第11条　行旅死亡人取扱ノ費用ハ先ツ其ノ遺留ノ金銭若ハ有価証券ヲ以テ之ニ充テ仍足ラサルトキハ相続人ノ負担トシ相続人ヨリ弁償ヲ得サルトキハ死亡人ノ扶養義務者ノ負担トス 第13条　市町村ハ第9条ノ公告後60日ヲ経過スルモ仍行旅死亡人取扱費用ノ弁償ヲ得サルトキハ行旅死亡人ノ遺留物品ヲ売却シテ其ノ費用ニ充ツルコトヲ得其ノ仍足ラサル場合ニ於テ費用ノ弁償ヲ為スヘキ公共団体ニ関シテハ勅令ノ定ムル所ニ依ル ②　市町村ハ行旅死亡人取扱費用ニ付遺留物件ノ上ニ他ノ債権者ノ先取特権ニ対シ優先権ヲ有ス	行旅死亡人が所持していた金銭又は有価証券を火葬の費用に充てることができます。官報公告後60日を経過してもその費用を回収できない場合には、行旅死亡人の遺留物品を売却して費用に充てることができます。

墓埋法 第9条　（略） 2　前項の規定により埋葬又は火葬を行つたときは、その費用に関しては、行旅病人及び行旅死亡人取扱法（明治32年法律第93号）の規定を準用する。	「行旅死亡人」を「死者」と読み替えて同上です。すなわち、死者が所持していた現金を火葬の費用に充て、足りなければ死者の物品を売却してその費用に充てることができます。 　なお、死者の住所も氏名も分かっていますから公告の必要はありません。
生活保護法 （遺留金品の処分） 第76条　第18条第2項の規定により葬祭扶助を行う場合においては、保護の実施機関は、その死者の遺留の金銭及び有価証券を保護費に充て、なお足りないときは、遺留の物品を売却してその代金をこれに充てることができる。 2　都道府県又は市町村は、前項の費用について、その遺留の物品の上に他の債権者の先取特権に対して優先権を有する。	死者が所持していた金銭及び有価証券を火葬の費用に充てることができます。その費用に足りない場合は、死者の遺留物品を売却して火葬費用に充てることができます。

（出典：筆者作成）

　行旅死亡人法や墓埋法そして生活保護法によれば、遺留の金銭を火葬の費用に充てることができます。また、行旅死亡人法の場合には、遺留の金銭で足りなければ、公告後60日の経過により遺留の物品を売却してその費用に充てられることが明記されています。ただし、墓埋法そして生活保護法に基づく場合には、死者の住所も氏名も分かっていますので、公告の必要はありませんから、公告することなく遺留の物品を売却してその費用に充てることができます。

⑶　遺留物品の保管及び処分

　それでは、死者が残した遺留物品は誰が保管し、処分することになるの
でしょうか。それぞれの法律で確認していきます。

表3　遺留物品の処分の根拠法及び処分できる者

根拠法	保管すべき者、処分できる者
行旅死亡人法 第12条　行旅死亡人ノ遺留物件ハ市町村之ヲ保管スヘシ但シ其ノ保管ノ物件滅失若ハ毀損ノ虞アルトキ又ハ其ノ保管ニ不相当ノ費用若ハ手数ヲ要スルトキハ之ヲ売却シ又ハ棄却スルコトヲ得 第14条　市町村ハ行旅死亡人取扱費用ノ弁償ヲ得タルトキハ相続人ニ其ノ保管スル遺留物件ヲ引渡スヘシ相続人ナキトキハ正当ナル請求者ト認ムル者ニ之ヲ引渡スコトヲ得	行旅死亡人の遺留物件は、市町村が保管しなければなりません。ただし、その物件が腐ったり、保管費用が不相当になったり、近隣住民からの問合せや苦情等の電話対応などにより手数を要するときは廃棄することができます。 　また、火葬費用の弁償が得られた場合は、遺留物件を相続人に引き渡さなければなりません。なお、正当な請求者と認める者に引き渡すことができます。
墓埋法 第9条　（略） 2　前項の規定により埋葬又は火葬を行つたときは、その費用に関しては、行旅病人及び行旅死亡人取扱法（明治32年法律第93号）の規定を準用する。	火葬の費用を回収するまでは、「行旅死亡人」を「死者」と読み替えて同上です。 　なお、当該費用を回収できた場合に、遺留物件を相続人に引き渡さなければならないことや正当な請求者と認める者に引き渡すことができることは同様です。

生活保護法

（遺留金品の処分）

第76条　第18条第2項の規定により葬祭扶助を行う場合においては、保護の実施機関は、その死者の遺留の金銭及び有価証券を保護費に充て、なお足りないときは、遺留の物品を売却してその代金をこれに充てることができる。

2　都道府県又は市町村は、前項の費用について、その遺留の物品の上に他の債権者の先取特権に対して優先権を有する。

生活保護法施行規則（昭和25年厚生省令21号）

（遺留金品の処分）

第22条　保護の実施機関が法第76条第1項の規定により、遺留の物品を売却する場合においては、地方自治法（昭和22年法律第67号）第234条第1項に規定する一般競争入札、指名競争入札、随意契約又はせり売りの方法により契約を締結しなければならない。

2　保護の実施機関が法第76条の規定による措置をとつた場合において、遺留の金品を保護費に充当して、なお残余を生じたときは、保護の実施機関は、これを保管し、速やかに、相続財産管理人の選任を家庭裁判所に請求し、選任された相続財産管理人にこれを引き渡さなければならない。ただし、これによりがたいときは、民法第494条の規定に基づき当該残余の遺留の金品を供託することができる。

3　前項の場合において保管すべき物品が滅失若しくはき損のおそれがあるとき、又はその保管に不相当の費用若しくは手数を要するときは、これを売却し、又は棄却することができる。その売却して得た金銭の取扱については、前項と同様とする。

遺留の物品を売却するために必要であれば、実施機関が保管することになります。なお、動産に対する物件の譲渡は、その動産の引渡しがなければ、第三者に対抗できないことから（民法178条）、必要であれば保管する必要があります。しかし、保管しなければならないといった体系にはなっていません。

また、その物品が腐つたり、保管費用が不相当になつたり、近隣住民からの問合せや苦情等の電話対応により手数を要するときは廃棄することができます。

（出典：筆者作成）

　死者が残した物件は、行旅死亡人の場合は原則として市町村に保管義務
があります（行旅死亡人法12条）。しかし、行旅死亡人以外の火葬を行う者
のない死者が残した物件の保管に関しては、市町村長や保護の実施機関に
保管義務はないと考えられます。この点、あくまでも火葬費用の回収に必
要な範囲内（売却するために占有します）で保管の判断を求められることに
なるのです。しかし、単身高齢者世帯が急増している現在においては（例
えとしては一般的ではありませんが、厚生労働省が毎月公表している生活保護の
被保護者調査によれば、令和4年1月の被保護者数は、1,643,819世帯あり（保護
停止中を含みます）、そのうち高齢者世帯が906,652世帯（55.4%）、うち単身世帯
者数は836,199世帯（51.1%）となっており、生活保護世帯の高齢化と高齢者の単
身世帯化が顕著になっています）、例えば、公営住宅が住宅セーフティネット
の役割を果たしている現状に鑑みて、公営住宅内で単身者が死亡し、火葬
を行う者がいないといった事情の下に、住宅セーフティネットの確保とい
った政策を掲げて、市町村長や保護の実施機関があえて保管義務を負うよ
うな施策を行うことは、裁量の範囲内で実現可能であると考えます。保管
義務がある以上、公営住宅内で死者が残した物件は、市町村長又は保護の
実施機関の判断により、不相当の費用がかかったり、手数がかかったりす
るようであれば、当該物件を廃棄すればよいからです。結果的に当該居室
をクリーニングし、貴重な住宅セーフティネットとして公募に回すことが
公益に資するからです。これらの具体的な施策は後述することにします。

2　行旅死亡人法を活用した ゴミ屋敷のゴミの撤去

　1（122頁以下）ではゴミ屋敷のゴミを撤去できるという福祉課所管の法
令を確認してきました。この項では、A市において実際にゴミ屋敷のゴミ
の撤去を行った事例を参考にした設例を通じて、基本的な法律関係を確認

しながら行旅死亡人制度を活用して、ゴミ屋敷のゴミを撤去する手法を確認していきます。また、このことを応用して公営住宅内で行旅死亡人が発見された場合の対応も検討します。

(1) 設例

　一人暮らしの年金受給高齢者（本人特定がなされていればという仮定にはなりますが、婚姻はしておらず配偶者はいないという前提です）が、自宅内で孤独死しました（ちょっと確認！）。死後1か月程度して、近隣住民の通報により警察官によって平成30年9月上旬に発見されたものです。遺体の腐敗が激しいため、近隣住民等による本人確認はされませんでした。

　さて、警察によって身元の調査が行われましたが、親・兄弟は既に死亡しており、兄の子（姪）がいるものの遺体の引取者はいません。また、歯科や病院のカルテも見つからず、DNA鑑定等による本人特定もできませんでした（本人確認に当たっては、国民健康保険等の加入保険者を通じた通院先歯科医院の確認を経て歯型の確認などが行われます。しかし、通院歴がないときや通院後5年を経過していたりすると必要なカルテ等の本人確認ができる資料が存在しないこともあります（歯科医師法（昭和23年法律202号）23条2項）。この場合に父母や兄弟等DNA鑑定により本人確認する親族が生存していれば（A市の実例では姪ではDNA鑑定できないということを警察に確認しています）、本人特定が可能です。しかし、高齢者になれば、既にDNA鑑定が可能な親族が他界していることも稀ではなくなってきます）。

　このため、「氏名不詳」としてある市（中核市）の福祉事務所に死体の引取り依頼がなされました。このときの「死体及び所持品引取書」（ちょっと確認！）の所持品目録には、ショルダーバッグ（黒色、チャムス）、財布3個、現金50万円、通帳（りそな銀行○○○○名義）、通帳（ゆうちょ銀行○○○○名義）、印鑑1本（小判型、「○○」と刻印、青色ケース入り）、鍵束1束（自転車用鍵3本在中）の記載がありました。

　一方その住宅（持家、資産価値高い）は、以前からゴミ屋敷としても有名

でした。近隣住民は、家屋内にとどまらず、敷地にまで放置されたビニール袋に入ったゴミから発生する異臭に悩まされていました。

　孤独死が発見されてからは、ゴミの匂いや保安上の観点からますます不安になり町会からも行政対応を求められています。

　行政としては何ができるのでしょうか。なお、特定空家等の認定はなされていません。

　近隣住民の証言によれば、腐敗した遺体は当該ゴミ屋敷の住民である可能性が高いです。なお、当該行旅死亡人の取扱費用の見込みは、633,440円でした（火葬費用は死体検案料を含めて210,000円、業者によるゴミの撤去費用の見積りは税込みで397,440円、公告費用26,000円）。

ちょっと
確認!　**孤独死とは？**

　内閣府「高齢者の健康に関する意識調査」（平成24年）による「孤独死」の定義は、「誰にも看取られることなく、亡くなったあとに発見される死」とされています。一方、独立行政法人都市再生機構統計による「孤独死」の定義は、「団地内で発生した死亡事故のうち、病死又は変死の一態様で、死亡時に単身居住している賃借人が、誰にも看取られることなく賃貸住宅内で死亡し、かつ相当期間（1週間を超えて）発見されなかった事故（ただし、家族や知人等による見守りが日常的になされていたことが明らかな場合、自殺の場合及び他殺の場合は除く。）」とされています（内閣府ホームページ「平成29年版高齢社会白書」52頁、図1-2-6-19）。孤独死の定義は様々です（https://www8.cao.go.jp/kourei/whitepaper/w-2017/zenbun/29pdf_index.html）。

死体及び所持品引取書とは？

　警察等が取り扱う死体の死因又は身元の調査等に関する法律（平成24年法律34号）10条及び死体取扱規則（平成25年国家公安委員会規則4号）6条の規定により、○○警察署長に自治体側が「死体及び所持品引取書」を提出し、死体及び所持品を引き取る立て付けになっています。しかし、実際は警察によって所持品がチェックされ、所持品目録に現金の内訳を含め詳細に記載されています。自治体は引取者の欄に、担当者が自署し押印するだけというのが実情です。

(2)　基本的な法律関係の確認

　設例を解く前に、基本的な法律関係を確認していきましょう。

ア　相続について

　被相続人の子は、相続人となりますが（民法887条1項）、設例の者は婚姻をしておらず子もいません。被相続人に子がいなければ、被相続人の直系尊属が相続人となり（同法889条1項1号）、いなければ、被相続人の兄弟姉妹が相続人となります（同項2号）。

民法
（子及びその代襲者等の相続権）
第887条　被相続人の子は、相続人となる。
2　被相続人の子が、相続の開始以前に死亡したとき、又は第891条の規定に該当し、若しくは廃除によって、その相続権を失ったときは、その者の子がこれを代襲して相続人となる。ただし、被相続人の直系卑属でない者は、この限りでない。
3　前項の規定は、代襲者が、相続の開始以前に死亡し、又は第891条の規定に該当し、若しくは廃除によって、その代襲相続権を失った場合について準用する。
（直系尊属及び兄弟姉妹の相続権）
第889条　次に掲げる者は、第887条の規定により相続人となるべき者がない場合

には、次に掲げる順序の順位に従って相続人となる。
一　被相続人の直系尊属。ただし、親等の異なる者の間では、その近い者を先にする。
二　被相続人の兄弟姉妹
2　第887条第2項の規定は、前項第2号の場合について準用する。

　そして、被相続人の子が相続の開始以前に死亡していれば、その者の子が、これを代襲して相続人になりますので（ただし、被相続人の直系卑属に限られます）、設例の場合には姪が相続人となります（もちろん氏名不詳の行旅死亡人とみなされていることから、戸籍上は死亡しておらず生存し続けることになります（ちょっと確認！）。あくまでも本人特定された場合です）。

戸籍上は死亡していないため、不在者には年金が支給され続けることになる！

　戸籍上は死亡していないため、不在者には年金が支給され続けることになります。したがって、A市では市民課に住民票の職権消除をしてもらうことにしました。筆者において、年金機構に確認したところ、住民票の職権消除の事実に基づいて、年金の支給が停止されることを確認しております。

イ　行旅死亡人について

　住宅内で孤独死していた者が、当該住宅の所有者である可能性は高いものの、警察による調査の結果として氏名不詳とされ、かつ、引取者もいない以上、行旅死亡人法1条2項の規定により、「行旅死亡人」とみなされることになります。

ウ　身寄りのない遺体の火葬について

　行旅死亡人の所在地の市町村には、死体の火葬を行う義務があります（行旅死亡人法7条）。すなわち、行旅死亡人とされた場合には、行旅死亡人法に基づいて火葬を行うことになります。一方、「死体の埋葬又は火葬を行う者がないとき又は判明しないとき」は、墓埋法9条1項に基づき火葬を行うことになります。

　行旅死亡人法と墓埋法とでは何が違うのでしょうか。少なくとも実務上の区分けは、住所や氏名が判明していれば墓埋法により、そうでなければ行旅死亡人法で処理しています。なお、自治体の実務上は、死者に対してその葬祭を行う扶養義務者がない場合において、その遺留した金品で、葬祭を行うことができないときであっても、例えば民生委員が葬祭を行ってくれる場合には、生活保護法18条2項の規定に基づき葬祭扶助を行うことになります。自治体サイドからは、生活保護法で処理できれば、その費用の4分の3を国が負担してくれますので（生活保護法75条）、生活保護法に基づいて葬祭を行うことができれば、市民の税金の支出を最小限に抑えられるメリットがあります。

　現在のように、単身高齢者世帯が増えているなかで、墓埋法や行旅死亡人法に基づく自治事務として火葬を行えば、自治体の負担は増えるばかりです。国は、単身高齢者が増えている現状を認識し、自治体の負担に頼らない施策を実施していくべきではないでしょうか。

② 　墓地若ハ火葬場ノ管理者ハ本条ノ埋葬又ハ火葬ヲ拒ムコトヲ得ス

墓埋法

第９条　死体の埋葬又は火葬を行う者がないとき又は判明しないときは、死亡地の市町村長が、これを行わなければならない。

生活保護法

（葬祭扶助）

第18条　（略）

２　左に掲げる場合において、その葬祭を行う者があるときは、その者に対して、前項各号の葬祭扶助を行うことができる。

一　被保護者が死亡した場合において、その者の葬祭を行う扶養義務者がないとき。

二　死者に対しその葬祭を行う扶養義務者がない場合において、その遺留した金品で、葬祭を行うに必要な費用を満たすことのできないとき。

（国の負担及び補助）

第75条　国は、政令で定めるところにより、次に掲げる費用を負担しなければならない。

一　市町村及び都道府県が支弁した保護費、保護施設事務費及び委託事務費の４分の３

二～四　（略）

(3)　**設例の検討**

　設例の場合（130頁以下）については、行旅死亡人とみなされることから、行旅死亡人法に基づいて遺留物件（ゴミを含みます。以下同じです）が撤去できないか考えてみましょう。

　行旅死亡人法12条本文によれば、行旅死亡人の遺留物件は市町村に保管義務があります。そして、同条ただし書の規定により、その保管のための費用が不相当な費用になったり、手数を要したりするときは、遺留物件を棄却（以下「廃棄」といいます）できると規定されているので、検討します。

まず、どのように「遺留物件」を特定するかという検討が必要です。

なぜならば、法律上は不在者（設例では、当該ゴミ屋敷の住民であると特定
できず行旅死亡人とみなされたことから、当該ゴミ屋敷の住民は不在者となるの
です）の所有物と行旅死亡人の所有物（遺留物件）とが混在されていること
から、行旅死亡人の遺留物件と特定しなければ、保管も廃棄もできないか
らです。さらには、行旅死亡人法9条の規定により、行旅死亡人の「遺留
物件」は公告事項です。

　次のような公告を行い、行旅死亡人の遺留物件を特定する必要がありま
す。

（官報の公告例）

行旅死亡人

　本籍・住所・氏名不詳、身長170cm、頭髪は白髪交じりで約10cm、男
性、着衣なし、全身高度な腐敗状態のため、生前の人相、体格、年齢につ
いては不明。所持金品は、○○市○○丁目△番地の○○○○宅室内及び同
宅敷地内にあった遺留物として、ビニール袋に入った動産多数、その他動
産（自転車及びテレビ、冷蔵庫、その他家財道具を除く。）多数、ショルダ
ーバッグ（黒色、チャムス）、財布3個、現金50万円、通帳（りそな銀行○
○○○名義）、通帳（ゆうちょ銀行○○○○名義）、印鑑1本（小判型、「○
○」と刻印、青色ケース入り）、鍵束1束（自転車用鍵等3本在中）。

　上記の者は、平成30年7月下旬頃に死亡したものと推定され、同年9月
7日午後3時15分上記の○○○○宅で死亡している状態で警察官によって
発見された。警察によって調査を行ったが、身元の特定には至らなかった。

身元不明のため遺体は火葬に付し、遺骨は保管してありますので、心当たりの方は、本市福祉部福祉課まで申し出てください。
　平成31年〇月〇日
　　〇〇県　　　　　　　　〇〇市長　〇〇〇〇

（出典：筆者作成）

　この公告のポイントは、行旅死亡人の遺留物件と不在者の所有物とを明確に分けていることです。

　すなわち、行旅死亡人の遺留物件からは、自転車、テレビ、冷蔵庫などの家財道具を除いていることです。この公告により、公告後60日を経過することによって、行旅死亡人の遺留物件として保管するものの、その保管に手数を要するのであれば、ゴミ屋敷のゴミも含めて廃棄できることになります。

　さて、行旅死亡人法13条1項の規定によれば、同法9条の公告後60日を経過すれば、遺留物件を売却できることが明記されています。

行旅死亡人法
第13条　市町村ハ第9条ノ公告後60日ヲ経過スルモ仍行旅死亡人取扱費用ノ弁償ヲ得サルトキハ行旅死亡人ノ遺留物品ヲ売却シテ其ノ費用ニ充ツルコトヲ得其ノ仍足ラサル場合ニ於テ費用ノ弁償ヲ為スヘキ公共団体ニ関シテハ勅令ノ定ムル所ニ依ル
②　（略）

　これは、仮に遺留物件が第三者の物であったとしても、60日を経過すれば「行旅死亡人取扱費用」回収の範囲内ではありますが、売却できる法的根拠と解釈することが可能ということです。したがって、官報掲載後60日を経過すれば、仮に第三者のものであっても廃棄が可能であるとも解釈できるのです。この点、官報の公告例は、「…心当たりの方は、本市福祉部福祉課まで申し出てください」と公告していることから、第三者からの自分の物であるとの申出がなされたときのことも想定しておかなければなりま

せん。仮に60日を経過する前に、第三者から自分の物であるとの申出がなされた場合には、具体的な供述に基づいて判断することになるでしょうが、具体性がない申出であれば、近隣住民に迷惑をかけていることを説明し、「その対応のため苦情の電話が殺到し、○○市に多大の手数がかかっている」等対応に手数がかかっている状況を説明することにより、また、同法12条の規定に基づけば、60日の経過を待たなくても廃棄できることから、廃棄の方向性を変える必要はないと考えます。

また、具体的な供述であった場合には、現場で確認してもらい、当該第三者の責任において期限を区切って回収してもらう必要があります。そして、時間がかかるようであれば、「手数を要する」ことを理由として、やはり廃棄できると考えるべきです。一方で、官報公告後60日の経過を待って遺留物件を廃棄した後に、第三者が自分の物があった等の申出を行ってきた場合については、同法13条の法意としては、第三者に権利があってもその第三者は市町村に対抗できないと解釈できますので、賠償の責任はないと考えるべきです。

なお、当該行旅死亡人が当該ゴミ屋敷の所有者である可能性が高いことから、当該不在者の相続人となり得る推定相続人の姪から、行旅死亡人の遺留物件とすることの同意書を取っておくことが重要です。ゴミ屋敷とはいえ、不在者の物も存在する可能性があるのですから、トラブル防止のためにも次のような同意書は取っておくべきです。

A市で取った同意書の例

| 様式1 |

年　　月　　日

A市長様

住所

氏名　　　　　　　　㊞

同意書（推定相続人用）

　私は、A市□□○丁目△番地に居住する○○○○が死亡した場合の推定相続人です。本年9月7日㈯同所において○○○○と思われる者の遺体が発見されましたが、A警察によればDNA鑑定でも○○○○であると本人確定ができないことをA市からの説明で知りました。

　しかし、○○○○が居住していた住居は近隣住民にゴミ屋敷として迷惑をかけていることも知りました。

　そこで、A市において行旅病人及行旅死亡人取扱法の規定によりゴミ屋敷を解消することができるとの詳細な説明を受けた結果、近隣住民の意向を尊重し、推定相続人の立場である私から法に基づく公告後異議を申し立てることはないことを誓います。また、A市が認定した行旅死亡人の遺留物件であることに異議もありません。したがって、A市が法に基づく公告後、いかなるものを処分（廃棄）しても損害賠償の請求をしないことはもちろん、その他の異議（遺留物件の処分（廃棄）に当たり業者見積を取るために当該業者とともに不在者の自宅敷地内及び家屋内に入ること、また、家屋内に入るために必要な行為の全てに異議がないこと等）のないことにも同意いたします。

（出典：筆者作成）

　したがって、設例の場合には、中核市として遺留物件の廃棄に要する費用を行旅死亡人取扱費用とすることを決定した上で、当該ゴミ屋敷のゴミも含めて行旅死亡人の遺留物件として公告し、公告後60日の経過を待って遺留物件の保管には、近隣住民からの苦情対応に手数がかかるとして廃棄すればよいでしょう。

　本設例は、レアケースという認識もあると思いますが、単身高齢者世帯が急増している昨今においては（既述のように生活保護の被保護者調査によれば、高齢化と高齢者の単身世帯化が顕著になっています（129頁））、今後珍しいケースではなくなるかもしれません。

　なお、現金の50万円については、行旅死亡人取扱費用となる公告費や火

葬費、そしてゴミの廃棄費用（633,440円）に充てることになります。しかし、その順序については特に規定されていません。火葬費用と他の費用の充当順位についてですが、遺留金そのものについても第三者による申出が考えられることから、公告後60日の経過を待って、行旅死亡人の取扱費用に充当することになります。したがって、設例のような場合には（130頁以下）、ゴミの廃棄費用から先に充当しても市町村の裁量の範囲内と解釈できます。

(4) 設例の回答例

　姪の同意書をとり（138頁）、不在者のものと思われる家財道具を除いたものを行旅死亡人の遺留物件として公告します（136頁以下）。公告後、60日を経た段階で、「近隣住民からの苦情で公務に支障が出ている」として、行旅死亡人の遺留物件を廃棄することになります。このことにより、事実上ゴミ屋敷のゴミの撤去が完了します。また、行旅死亡人の遺留物件である現金50万円は、まず、ゴミの撤去費用397,440円（複数業者の見積りで一番安い撤去費用を見積もった業者への費用）に充て、次に公告費用26,000円に充てます。残りの76,560円は、火葬費用の一部に充てることで事務は終わります。

(5) 一般市の場合の留意点

　設例の場合において（130頁以下）、市町村が、行旅死亡人の取扱いに要した費用のうち、行旅死亡人法13条及び行旅病人死亡人等ノ引取及費用弁償ニ関スル件（明治32年勅令277号、以下「勅令」といいます）の規定に基づき、都道府県が弁償しなければならない費用の範囲は、「行旅死亡人のために特に要する薪炭油費」、「死体検案料及び検案書料」、「火葬に関する諸費」及び「公告料」とされています（昭和62年2月12日社保14号「行旅病人の救護等の事務の団体事務化について」の別紙「行旅病人及び行旅死亡人の取扱いに関する指針」のⅡ参照）。

　行旅死亡人の遺留物件の棄却費用は、明記されていないことから各都道府県において独自に定めることになりますので、一般市の場合、都道府県に説明し理解を得ておく必要があります。この点、指定都市や中核市は、都道府県に費用弁償できないことから、独自に定めることが可能です（勅令1条2項・3項）。例えば、下関市行旅病人及行旅死亡人取扱法施行細則（平成20年下関市規則72号）10条5項では、「法第12条の規定による遺留物件の棄却に要した費用は、行旅死亡人の取扱いに要した費用とみなして…」と規定されています。

　A市は中核市だったことから、起案決裁により遺留物件の廃棄費用を行旅死亡人の取扱費用としました。

行旅死亡人法

第13条　市町村ハ第9条ノ公告後60日ヲ経過スルモ仍行旅死亡人取扱費用ノ弁償ヲ得サルトキハ行旅死亡人ノ遺留物品ヲ売却シテ其ノ費用ニ充ツルコトヲ得其ノ仍足ラサル場合ニ於テ費用ノ弁償ヲ為スヘキ公共団体ニ関シテハ勅令ノ定ムル所ニ依ル

②　市町村ハ行旅死亡人取扱費用ニ付遺留物件ノ上ニ他ノ債権者ノ先取特権ニ対シ優先権ヲ有ス

行旅病人死亡人等ノ引取及費用弁償ニ関スル件（明治32年勅令277号）

第1条　行旅病人及行旅死亡人取扱法第5条及第13条ノ公共団体ハ行旅病人行旅死亡人若ハ其ノ同伴者ノ救護又ハ取扱ヲ為シタル地ノ道府県トス

②　前項ノ規定ニ拘ラズ行旅病人行旅死亡人若ハ其ノ同伴者ノ救護又ハ取扱ヲ為シタル地方自治法（昭和22年法律第67号）第252条ノ19第1項ノ指定都市ハ地方自治法施行令（昭和22年政令第16号）第174条の30ノ定ムル所ニ依リ行旅病人及行旅死亡人取扱法第5条及第13条ノ公共団体トス

③　第1項ノ規定ニ拘ラズ行旅病人行旅死亡人若ハ其ノ同伴者ノ救護又ハ取扱ヲ為シタル地方自治法第252条の22第1項ノ中核市ハ地方自治法施行令第174条の49の6ノ定ムル所ニ依リ行旅病人及行旅死亡人取扱法第5条及第13条ノ公共団体トス

⑹ 同じ設例という前提の下、公営住宅内で
行旅死亡人とみなされた死亡者が出た場合の対応
（必ずしもゴミ屋敷でない場合を含みます）

　A市の市営住宅においては、既述のように、単身高齢者世帯の割合がA市内全体の割合よりも約35%高くなっていますから（15頁）、行旅死亡人が出た場合の対応を考えておく必要があるのはなおさらです。

　今後、公営住宅内で行旅死亡人とみなされる死亡者があり、家財道具等が放置されたままとなりそうな場合、ゴミ屋敷であるかどうかにかかわらず、自治体として住宅セーフティネットの確保を図る意思があるのであれば、当該行旅死亡人の遺留物件（残されたままの家財道具等）として、行旅死亡人法を活用することが現実的です。既述のように、この場合には行旅死亡人の遺留物件を特定する必要がありますが（法令上は不在者の所有物と行旅死亡人の遺留物件が混在していることになっています）、その手法としては、行旅死亡人法9条による公告を活用することになります。

　同条の公告の効果は、公告後60日を経過すれば、例え第三者の物であっても売却ができると読み取れ（同法13条）、当該行旅死亡人の遺留物件とみなすという解釈が可能だからです。このため、遺留物件として特定後、売却できるものは売却し、手数がかかる場合は廃棄すればよいのです。

　以下、公営住宅内にある遺留物件を処分することになりますので、当該遺留物件の売却の現実的な可能性や仮に売却する場合の具体的な課題、また、生活保護法や墓埋法に基づいても同じように裁判手続を経ることなく放置されたままの家財道具等を廃棄できるのか検討します。さらに、遺留金や遺留物品の合計額が、行旅死亡人取扱費用や火葬費用を超えている場合の対応についても、具体的に検討していきましょう。

ア　遺留物品の売却についての具体的な検討

　公営住宅内に放置されたままの家財道具等の何を売却できるのか、また、売却しなければならないのか、以下、具体的に検討していきます。

　まず、遺留物品の売却はどのように行うのでしょうか。行旅死亡人法15条2項によれば、市町村税滞納処分の例により徴収ができると規定されています。このため、地方税法（昭和25年法律226号）331条6項により、「前各項に定めるものその他市町村民税に係る地方団体の徴収金の滞納処分については、国税徴収法に規定する滞納処分の例による」とされ、国税徴収法の規定の例によって遺留物品を売却することになります。

行旅死亡人法
第15条　行旅病人行旅死亡人及其ノ同伴者ノ救護若ハ取扱ニ関スル費用ハ所在地市町村費ヲ以テ一時之ヲ繰替フヘシ
②　前項費用ノ弁償金徴収ニ付テハ市町村税滞納処分ノ例ニ依ル
③　前項ノ徴収金ノ先取特権ハ国税及地方税ニ次グモノトス

地方税法
　（市町村民税に係る滞納処分）
第331条　（略）
6　前各項に定めるものその他市町村民税に係る地方団体の徴収金の滞納処分については、国税徴収法に規定する滞納処分の例による。
7　（略）

　売却に際しては、国税徴収法に基づく換価によることとなりますので、次の図を参考にして検討します。

国税徴収法　換価の方法

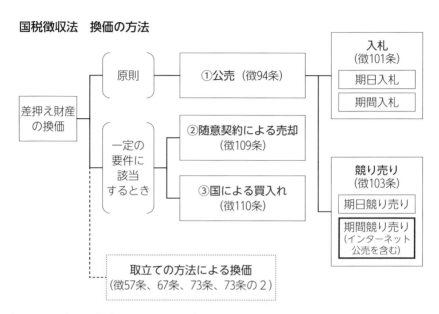

(出典：川辺敦也編著『図解国税徴収法（令和 3 年版）』（一般財団法人大蔵財務協会、2021）)

　売却に関しては、国税徴収法の換価手続によることになりますが、同法89条によれば、その手法は図にあるように、①公売（94条）、②随意契約による売却（109条）又は③国による買入れは、例によることになるため、市による買入れと読み替えて適用することになります。しかし、現実的には、③の市による買入れは考えらません。このため、①の公売と②の随意契約による売却を検討していきましょう。

　まず、随意契約で売却できないか検討するために、国税庁のホームページで「随意契約による売却」と検索すると「第109条関係　随意契約による売却」についての具体例が示されています（https://www.nta.go.jp/law/tsutatsu/kihon/chosyu/05/03/03/109/01.htm）。設例に当てはめて解釈すれば、「その他公売に付することが公益上適当でないと認められる」に該当するかどうかを判断することになりそうです。しかし、例えば、あへん法、大麻取締法…銃砲刀剣類所持等取締法等の法令の規定により、譲渡の相手

方が制限されている場合において、その法令の規定により、譲受けが認められている者に対してその財産を売却しようとするときなどの記載はあるものの、設例の場合に当てはめられる具体的な例は掲載されておりません。したがって、自治体として「公売に付することが公益上適当でないと認められる」ことを客観的にも説明する必要がありそうです。この際、公売の具体的な手続を確認することが必要になってきます。

　公売するためには、公売する動産を特定する必要があるのでしょうか。仮に特定が必要であれば、ゴミ屋敷となっている公営住宅内にある動産を具体的に特定することは経験上不可能です。したがって、例えば「この部屋にある動産一式」として公売できるのでしょうか。同じく国税庁のホームページで「一括換価」と検索すると「第3章　公売実施の一般的手続」の中で財産を一括換価することができる場合を解説しています（https://www.nta.go.jp/law/jimu-unei/tyousyu/140924/03/01.htm）。

　今般の設例の下で当てはめていけば、ゴミ屋敷の場合には「一括換価することにより高価有利に売却できること」が必要なようです。同ホームページの説明の中では、「高価有利に売却できること」の具体的な説明はありませんので、個別具体の判断の結果、高価有利であったことが必要になりそうです。しかし、ゴミ屋敷のゴミの中に何があるか分からないのに「高価有利に売却できる」ことの説明は困難です。したがって、一括換価を客観的に説明することは難しそうです。すなわち、公売の具体的な手続を確認する限り、一括換価で公売することは困難ですから、公売は困難ということになります。

　最初の問いに戻りますが、「公売に付することが公益上適当でないと認められる」ことを理由に、随意契約によって売却するほかはなさそうです。

　さて、設例を検討してみましょう。まず、公営住宅がゴミ屋敷の場合を検討します。経験則上、ゴミ屋敷の場合には当該住宅内に何があるのか分かりませんので、当該ゴミ屋敷のゴミの廃棄費用だけがかかる可能性が高いといえます（筆者においてゴミ屋敷のゴミの廃棄に関して専門の業者に見積

り合わせを行いましたが、買取費用がゼロのところもありました）。したがっ
て、公営住宅がゴミ屋敷の場合には、公売に付すよりも随意契約によりゴ
ミの廃棄とあるかもしれない宝物！？を買受人の責任の下で売却すること
の方が、自治体に有利であることが分かります。設例の公営住宅がゴミ屋
敷であった場合には、ゴミ屋敷のゴミの撤去とひょっとしたらあるかもし
れない換価価値の高いものの買取費用とを相殺して見積り費用の安い者と
随意契約を行うことの方が説明責任を果たせそうです。

　次に、ゴミ屋敷ではないが単身入居者が行旅死亡人とされた場合にはど
うすればよいのでしょうか。この場合には、行旅死亡人の遺留物件として
特定さえできれば、売却できるものであれば公売により売却することが適
当だと思われます。

　なお、公売の一手法として、期間競り売りの欄にもあるインターネット
公売を利用する手法（Yahoo!官公庁オークション）が官公庁でも行われてい
ましたが、色々な課題があったためか収益性がない事業として、2021年3
月31日に同サービスは終了されました。

イ　公売の通知は必要か

　少なくとも設例（130頁以下）のようなゴミ屋敷の場合には公売ができま
せんので、公売の公告も公売の通知も必要ないことになります。一方、公
売が必要なケースでは、公売の日の少なくとも10日前までに、公売財産の
名称、公売の方法、日時、場所等を公告しなければなりません（国税徴収
法95条1項）。また、公告をしたときは滞納者に対し公売の通知をしなけれ
ばならないとされています（同法96条1項）。

国税徴収法（昭和34年法律147号）

（公売公告）

第95条　税務署長は、差押財産等を公売に付するときは、公売の日の少なくとも
　　10日前までに、次に掲げる事項を公告しなければならない。ただし、公売に付
　　する財産（以下「公売財産」という。）が不相応の保存費を要し、又はその価額
　　を著しく減少するおそれがあると認めるときは、この期間を短縮することがで

きる。

一　公売財産の名称、数量、性質及び所在

二　公売の方法

三　公売の日時及び場所

四　売却決定の日時及び場所

五　公売保証金を提供させるときは、その金額

六　買受代金の納付の期限

七　公売財産の買受人について一定の資格その他の要件を必要とするときは、その旨

八　公売財産上に質権、抵当権、先取特権、留置権その他その財産の売却代金から配当を受けることができる権利を有する者は、売却決定の日の前日までにその内容を申し出るべき旨

九　前各号に掲げる事項のほか、公売に関し重要と認められる事項

2　（略）

（公売の通知）

第96条　税務署長は、前条の公告をしたときは、同条第1項各号（第8号を除く。）に掲げる事項及び公売に係る国税の額を滞納者及び次に掲げる者のうち知れている者に通知しなければならない。

一　公売財産につき交付要求をした者

二　公売財産上に質権、抵当権、先取特権、留置権、地上権、賃借権その他の権利を有する者

三　換価同意行政機関等

2　（略）

しかし、行旅死亡人とされていることから、住所も氏名も分かりませんので、公売の通知を行う意味を考える必要がありそうです。

この点、国税徴収法96条の逐条解説（舩津高歩編著『国税徴収法基本通達逐条解説（令和3年版）』956頁（一般財団法人大蔵財務協会、2021））では、「滞納処分に関する不服申立てができる期限を公売期日等までに制限したこと（法171条）等に関連し、滞納者及び利害関係人に事前に権利行使の機会を与えるため、公売の通知をすることを定めた法第96条第1項の規定について説明したものである。なお、昭和50年6月27日最高裁（訟務月報21巻8号1749頁）は、公売の通知は、税務署長が公売公告した場合において、滞納

者に対しては最後の納付の機会を与えるため、抵当権者等に対しては、公売参加の機会を与えるため、公売の日時、場所等公告すべき事項とほぼ同一の事項を滞納者等に通知するものにすぎず、それ自体としては相手方の権利義務その他法律上の地位に影響を及ぼすものではないから、抗告訴訟の対象となる行政庁の処分とはいえないとしている」とされています（下線は筆者により加筆）。

したがって、公売に対する不服申立ての機会を与える必要があるのか、あるいは、最後の納付の機会を与える必要があるのかといったことを考えてみたいと思います。この点、少なくとも死者の遺留物品の売却については、死体の火葬を行う者がいなかったという要因の特殊性に鑑み、市町村、市町村長又は実施機関が支出した火葬費用の回収を優先させるといった考えの下で、法令上認められているのですから、不服申立ての機会を与えたり、最後の納付の機会を与えたりする必要は、その性質上そもそもないと考えるべきだと思われます。

したがって公売通知書については、必要ないことになります。

ウ　差押手続が必要か

また、手続の上では前後しますが、換価手続の前提として、財産の差押手続が必要ではないかという論点も考えられるところです。この点について国税徴収法54条では、差押財産が動産又は有価証券である場合等は差押調書を作成し、滞納者への交付を求めています。

国税徴収法
（差押調書）
第54条　徴収職員は、滞納者の財産を差し押さえたときは、差押調書を作成し、その財産が次に掲げる財産であるときは、その謄本を滞納者に交付しなければならない。
一　動産又は有価証券
二　債権（電話加入権、賃借権、第73条の2（振替社債等の差押え）の規定の適用を受ける財産その他取り立てることができない債権を除く。以下この章

　　　において同じ。）
　三　第73条（電話加入権等の差押え）又は第73条の２（振替社債等の差押え）
　　　の規定の適用を受ける財産

　しかし、この点についても公売の通知と同様に考えることができ、差押
調書そのものが必要ないと考えるべきです。
　このことは、行旅死亡人法11条により行旅死亡人取扱いの費用は、まず
その遺留金及び有価証券をもって充当することが法律上認められており、
滞納者に相当する者が死亡した状況下においても、民法の一般原則である
相続財産管理人等の選任手続を求めることなく充当手続が定められている
ことからも明らかです（生活保護法76条１項にも同様の規定があります）。

行旅死亡人法
第11条　行旅死亡人取扱ノ費用ハ先ツ其ノ遺留ノ金銭若ハ有価証券ヲ以テ之ニ充
　　　テ仍足ラサルトキハ相続人ノ負担トシ相続人ヨリ弁償ヲ得サルトキハ死亡人ノ
　　　扶養義務者ノ負担トス

生活保護法
　（遺留金品の処分）
第76条　第18条第２項の規定により葬祭扶助を行う場合においては、保護の実施
　　　機関は、その死者の遺留の金銭及び有価証券を保護費に充て、なお足りないと
　　　きは、遺留の物品を売却してその代金をこれに充てることができる。
２　（略）

エ　売却物件の特定

　さて、ゴミ屋敷の場合には、そもそも売却物件の特定は不可能なため、
随意契約により、売却せざるを得ないことは既述のとおりです。また、ゴ
ミ屋敷以外の場合で売れるものであれば、公売により売却しなければなり
ません。差押調書の作成や公売通知書の作成は必要ありませんが、公売手
続によって売却する以上何を売却するか特定する必要があります。

現在は廃止されているものの、ヤフー株式会社の官公庁職員を対象にした実務セミナー読本（「Ｙ！〈動産・自動車公売実務セミナー〉動産・自動車の差押から公売」9頁（ヤフー株式会社、2015年12月改訂））に記載のある「動産の特定は、基本的には差押時において、滞納者又は第三者が差し押さえられた物の認識ができる程度に特定します。物によって特定の方法は違いますが、名称、品名、型番、製造番号、メーカー名、色、作者名、作品名、数量、技法・種類、サイズなどによって特定します」を今後とも参考にするべきです。

したがって、敷地内や部屋中にあるゴミ以外の遺留物品を物の認識ができる程度に特定しておくことはもちろん、より詳細な公売財産明細書に相当する財産明細書を作成しておくべきです。もっとも、70頁以下でも確認していますように、公営住宅に残された家財道具等については、強制執行時の実務上の経験からは、財産的価値はほぼありません。少なくともＡ市の実務上の経験によれば、Ａ市の建物明渡し及び動産差押えの民事執行申立書に基づき、執行官により強制執行（断行とも呼ばれています）されるまでには、タンスの引き出しや机の引き出しを捜索して金銭的価値のあるものを捜すことはないというのが実務です。

したがって、公売手続によって売却する物件は、差押禁止動産や換価性のない動産以外の財産に限られると解釈して実務を運営することが現実的と思われます。

オ　ゴミ屋敷の場合には遺留物件の公告が重要

もちろん、財産明細書作成のためには、その作業ができることが大前提になります。この点、ゴミ屋敷といわれる家屋内には、経験則上そのような作業スペースがありません。したがって、行旅死亡人法9条の公告で行旅死亡人の遺留物件として表現しておくことが重要になります。

> **行旅死亡人法**
> 第9条　行旅死亡人ノ住所、居所若ハ氏名知レサルトキハ市町村ハ其ノ状況相貌

> 遺留物件其ノ他本人ノ認識ニ必要ナル事項ヲ公署ノ掲示場ニ告示シ且官報若ハ
> 新聞紙ニ公告スヘシ

カ　銀行の通帳の取扱いについて

　次に、「死体及び所持品引取書」により明らかになっている「ゆうちょ銀行及びりそな銀行の通帳」の取扱いをどうするかという問題があります。仮に通帳に残高が記載されていても、既に引き出され未記帳の場合には財産的価値がない場合も考えられるのです。したがって市町村税滞納処分の例によるとされる地方税法298条1項の質問検査権に基づき、ゆうちょ銀行及びりそな銀行に残高照会をかけることが必要となります。

地方税法（昭和25年法律226号）

（徴税吏員の市町村民税に関する調査に係る質問検査権）

第298条　市町村の徴税吏員は、市町村民税の賦課徴収に関する調査のために必要がある場合においては、次に掲げる者に質問し、又は第1号から第3号までの者の事業に関する帳簿書類（その作成又は保存に代えて電磁的記録（電子的方式、磁気的方式その他の人の知覚によつては認識することができない方式で作られる記録であつて、電子計算機による情報処理の用に供されるものをいう。）の作成又は保存がされている場合における当該電磁的記録を含む。次条第1項第1号及び第2号において同じ。）その他の物件を検査し、若しくは当該物件（その写しを含む。）の提示若しくは提出を求めることができる。

一　納税義務者又は納税義務があると認められる者

二　前号に規定する者に金銭又は物品を給付する義務があると認められる者

三　給与支払報告書を提出する義務がある者及び特別徴収義務者

四　前3号に掲げる者以外の者で当該市町村民税の賦課徴収に関し直接関係があると認められる者

2〜5　（略）

　株式会社ゆうちょ銀行に残高があれば、「行旅死亡人の葬儀等費用に関する昭和29年4月1日付け郵1業304号の郵政省貯金局長通達」によって行旅死亡人の貯金の払戻しについて市町村長からの請求に応じてくれます（総

務省ホームページ「郵政行政消費者相談室」「よくある質問・相談」http://www.
soumu.go.jp/yusei/soudan_top.html#yubincyokin）。行旅死亡人の場合には
氏名が不明なはずですが、当時の通知によって行旅死亡人の遺留物件の中
に郵便通帳があり、残金がある場合にはこういった取扱いをしているよう
です。

　なお、墓埋法や生活保護法に基づいて火葬を行った場合にも、同様の払
戻しを認めています。このため相続財産管理人を選任（ちょっと確認！）す
ることなく、火葬費用を回収できるのが大きな特徴です。他の銀行では、
一般的に期待できない対応です。

ちょっと確認！ 1円でも遺留金が余れば 相続財産管理人の選任が必要！？

　一般的に遺留金品を火葬の費用に充てた後の残余の遺留金品があ
る場合については、「墓地埋葬法におきましても、また墓地埋葬法に
おいて規定を準用しております行旅病人及行旅死亡人取扱法におき
ましても、この取扱いを定めた特段の規定はございませんので、一
般法である民法の規定に基づき取り扱われることとなると考えてい
る」とされ（平成30年2月8日第196回国会衆議院予算委員会第8号5
頁厚生労働省社会・援護局長答弁）、火葬費用に充てた残余の遺留金品
については、民法の一般原則に従って処理しなければならないとさ
れています。

　例えば、平成25年6月3日第183回国会衆議院決算行政監視委員会
議録第4号16頁に村木政府参考人が、「生活保護受給者の方が亡くな
られて相続人がいない場合の取り扱いでございますが、まず遺留金
品については、保護費、これは実際には葬祭にかかるお金でござい
ます葬祭扶助に充当し、それでもなお残余が生じた場合は、通常の
民法の規定に基づき処理をされるところでございます。具体的には、

保護の実施機関が相続財産管理人の選任を家庭裁判所に請求いたしまして、選任された相続財産管理人に残余の財産を引き渡して、公告等が行われ、相続すべき者等がいない場合には国庫に帰属をするという扱いでございます」と、国庫帰属の手続が必要であるという答弁をしています。また、同様の答弁が定塚政府参考人からも行われています（平成30年２月８日衆議院予算委員会会議録第８号25頁）。

　なお、生活保護法施行規則22条２項では、「…なお残余を生じたときは、保護の実施機関は、これを保管し、速やかに、相続財産管理人の選任を家庭裁判所に請求し、選任された相続財産管理人にこれを引き渡さなければならない」と規定しています。このため、遺留金品が余った場合の相続財産管理人の選任については、最前線の現場である自治体福祉事務所からの批判があります。この点については、平成30年２月８日の衆議院予算委員会で國重徹委員から「身寄りのない人が亡くなって受取手のない現金を地方自治体が保管をする遺留金…各地の自治体がその取扱いに苦慮をしております」等の質疑をしています。

　この質疑に対しては、上川国務大臣が「ただいま國重委員から、遺留金の取扱いにつきまして、対応が現実に追いついていない、こういう基本的な問題指摘をいただきました。法務省におきましても、身寄りのない方が亡くなり少額の遺留金があるといった事例で、相続財産管理人の選任請求に必要な経費が負担できず対応が困難な場合があるとして、遺留金をどのように取り扱うか、その対策について要望する地方公共団体が存在することも承知をしているところでございます。地方公共団体におきまして遺留金の取扱いをどのようにするか、今は各種行政法規で規律されているところでございますが、法務省といたしましても、相続財産管理制度を含む民事基本法制を所管するという立場でございます。ただいまの御指摘も踏まえまして、関係省庁と連携をして、この遺留金の取扱いについて、必

要な検討を行ってまいりたいと考えております」という答弁をしています。

例えば、婦人補導院法（昭和33年法律17号）19条2項には、「前項の遺留金品は、死亡の日から一年以内に同項の請求がないときは、国庫に帰属する」と規定しているので、相続財産管理人の選任問題が生じません。筆者は、このような立法が必要だと考えています。

ところで、廃棄処分できないような財産的価値のある物件がある場合には、当該物件を優先して売却しなければ、公営住宅内に残された家財等を片付けることができなくなります。すなわち、ゴミの廃棄費用を含めて「行旅死亡人取扱費用」を回収すれば、福祉課所管の法律を活用して、公営住宅を事実上の自力執行により取り戻すことは不可能になります。したがって、裁判所を利用した明渡訴訟になってしまいますので、行旅死亡人取扱費用の一部の回収をあえてせずに、残されたままの家財道具等の売却処分をすることが求められることもあり得ることです。住宅セーフティネット機能を有する公営住宅を、時間もお金もかかる裁判手続を利用することなく、合法的に取り戻す工夫が求められるのです。

キ　売却物件の選択はどうするのか

それでは、債権者であるA市は、行旅死亡人取扱費用の一部を株式会社ゆうちょ銀行の貯金からあえて回収せずに、売却する物件を任意に選択することができるのでしょうか。この点については、国税庁のホームページに「第47条関係　差押えの要件」欄に「財産の選択」という項目があり、次のように解説されています（https://www.nta.go.jp/law/tsutatsu/kihon/chosyu/05/01/01/047/01.htm）。

「差し押さえる財産の選択は、徴収職員の裁量によるが、次に掲げる事項に十分留意して行うものとする。この場合において、差し押さえるべき財

産について滞納者の申出があるときは、諸般の事情を十分考慮の上、滞納処分の執行に支障がない限り、その申出に係る財産を差し押さえるものとする。

(1)　第三者の権利を害することが少ない財産であること（第49条関係参照）。

(2)　滞納者の生活の維持又は事業の継続に与える支障が少ない財産であること。

(3)　換価が容易な財産であること。

(4)　保管又は引揚げに便利な財産であること。」（下線は筆者により加筆）

　一定の留意事項はありますが、公営住宅内における単身入居者の死亡後といった事情の下では、基本的に売却する遺留物品の選択は、職員の裁量に委ねられていると解することが可能です。したがって、各銀行の預金残高の照会を経て、行旅死亡人の取扱いにかかった費用の残額を徴収するよりも、先に公営住宅内に残されたままの遺留物品の売却処分をするという選択も、裁量によって認められていると考えるべきです。

ク　遺留物品の売却の実現可能性

　それでは、次に残されたままの家財道具等である遺留物品の売却の実現可能性も含めて検討していきます。

　一般的に、単身入居者が死亡して残された家財道具等を撤去しようとすれば、ゴミ以外の遺留物品には、基本的に相続人に所有権があることから、勝手に処分することはできません。しかし、既述のように火葬費用を回収する限度で、遺留物品を売却することはできるのです（126頁）。この権限を使って、残されたままの家財道具等の撤去ができないかを考えてみましょう。一般的に公営住宅の居室内にある家財道具等の遺留物品を売却するといっても、どういった手順で売却するのかを規定した内部規程は、筆者においては承知していません。冷蔵庫やテレビ等をどうやって売却するのでしょうか。また、売れなければどうするのでしょうか。様々な疑問が思

い浮かびます。

　この点については、既述の流矢論文が参考になります（70頁参照）。

　すなわち、動産執行の場合、動産の買受市場が狭く、特に整理タンスや洋タンス、ベッド、食器棚、食卓セット、冷暖房器具、冷蔵庫（1点に限ります）、洗濯機（1点に限ります）、テレビ（29インチ以下、1点に限ります）、鏡台（1点に限ります）は、差押禁止動産とされていますので、氏名が不詳の行旅死亡人であっても、相続人の存在そのものを否定できないことから、事実上、滞納処分による売却はできません。したがって、公営住宅内に放置されたままの家財道具等の大半については（ピアノや観賞用の高額な魚など差押えが可能な動産を除きます）、売却できない可能性が高いといえます。

ケ　市営住宅における強制執行の経験からは廃棄処分が妥当

　結局のところ、残されたままの家財道具等は、その保管に不相当の費用がかかる又は手数を要するといったことになりそうです。このため、実務上は、当該家財道具等を行旅死亡人の遺留物件として公告し、行旅死亡人法の規定に基づいて廃棄することが重要になります。このことは、既述のように（70頁以下、150頁以下）、市営住宅明渡訴訟での勝訴判決を債務名義とした明渡しの強制執行の日における執行官の実務を見ても、ほぼ財産的価値のある物はない可能性が高いといえるからです。このため、行旅死亡人法12条の規定により、「その保管に不相当の費用がかかる」とか「近隣の入居者から匂いへの対応を求められるなど、電話等が殺到し通常業務に支障を来すほど手数を要する」とかの事由により、放置されたままの家財道具等を廃棄すればよいのです。

　このように、公営住宅担当課と行旅死亡人所管の福祉課が連携すれば、公営住宅内で行旅死亡人が発見された場合に、残されたままの家財道具等の廃棄が事実上可能になると思われます。住宅セーフティネットの確保のためにも、前向きな検討が必要ではないでしょうか。

なお、財産的な価値のある物件があるようでしたら、既述のように（154頁以下）、行旅死亡人取扱費用の一部回収手続を選択して、廃棄と売却を併用しながら公営住宅の居室を確保する視点が重要になります。

コ　推定相続人の同意書

なお、実務上の観点からは、推定相続人の同意書があれば、福祉事務所長も安心です（地自法153条1項又は2項の規定に基づき、法の執行が委任されていることが前提です。すなわち、一般的には「福祉事務所長に対する権限委任規則」の中で、長の権限が委任されています。委任がされていないのであれば、案件の内容によっては長の決裁が必要です）。

> **地自法**
> 第153条　普通地方公共団体の長は、その権限に属する事務の一部をその補助機関である職員に委任し、又はこれに臨時に代理させることができる。
> ②　普通地方公共団体の長は、その権限に属する事務の一部をその管理に属する行政庁に委任することができる。

サ　官報公告の例

次に、公告事項でもある「遺留物件」の具体的な記載例を考えてみます。130頁の設例では、民間の住宅がゴミ屋敷となり、近隣住民に迷惑をかけている状況の解消を図る目的の下に、ゴミのみの撤去を図ればよいので、家財道具は遺留物件から除外しました。しかし、住宅セーフティネットとしての公営住宅を取り戻すためには、家財道具を含めて遺留物件として、公告することが必要になってきます。

㋐　遺留物件の記載例

> 行旅死亡人
>
> 本籍・住所・氏名不詳、身長170cm、頭髪は白髪交じりで約10cm、男

性、着衣なし、全身高度な腐敗状態のため、生前の人相、体格、年齢については不明。所持金品は、○○公営住宅○棟○号室内にあった遺留物として、**ビニール袋に入った動産多数、その他動産（テレビ、冷蔵庫、その他家財道具を含む。）多数**、ショルダーバッグ（黒色、チャムス）、財布3個、現金50万円、通帳（りそな銀行○○○○名義）、通帳（ゆうちょ銀行○○○○名義）、印鑑1本（小判型、「○○」と刻印、青色ケース入り）、鍵束1束（自転車用鍵等3本在中）。

　上記の者は、平成30年7月下旬頃に死亡したものと推定され、同年9月7日午後3時15分上記の○○市営住宅○棟○号室内で死亡している状態で警察官によって発見された。警察によって調査を行ったが、身元の特定には至らなかった。身元不明のため遺体は火葬に付し、遺骨は保管してありますので、心当たりの方は、本市福祉部福祉課まで申し出てください。

　平成31年○月○日

　　○○県　　　　　　　○○市長　○○○○

（出典：筆者作成）

(イ)　記載例の理由

　客観的にゴミといえるのは、ゴミ箱に入っている紙屑の類ぐらいだと思われます。持ち主の意思いかんによって財物とゴミが峻別されるのです。したがって、ゴミ屋敷のゴミを廃棄するといっても、持ち主の意思を確認できなければ、ゴミを客観的に証明することは困難です。しかし、行旅死亡人法は、「行旅死亡人の遺留物件」であれば、廃棄できることが明記されています（同法12条）。

　それでは「行旅死亡人の遺留物件」とは何か。「死体及び所持品引取書」には、所持品目録が記載されており、行旅死亡人の所持品が明記されています。所持品が遺留物件であることに異論はないと思われますが、遺留物件が所持品に限られるというような記載はされていませんし、行旅死亡人法にも規定されていません。したがって、遺留物件が所持品に限られるといった解釈はできません。設例の場合には、科学的手法によっても本人特

定がされなかったため、法的には不在者（民法25条１項）の所持品と行旅死
亡人の所持品（遺留物件）が存在することになるのです。

民法

（不在者の財産の管理）

第25条　従来の住所又は居所を去った者（以下「不在者」という。）がその財産の
　　　管理人（以下この節において単に「管理人」という。）を置かなかったときは、
　　　家庭裁判所は、利害関係人又は検察官の請求により、その財産の管理について
　　　必要な処分を命ずることができる。本人の不在中に管理人の権限が消滅したと
　　　きも、同様とする。

2　（略）

この点、いずれの所持品であるかを決定する明確な基準はありません。
したがって、行旅死亡人法９条の公告が重要になってくるのです。

行旅死亡人法

第9条　行旅死亡人ノ住所、居所若ハ氏名知レサルトキハ市町村ハ其ノ状況相貌
　　　遺留物件其ノ他本人ノ認識ニ必要ナル事項ヲ公署ノ掲示場ニ告示シ且官報若ハ
　　　新聞紙ニ公告スヘシ

この公告のポイントは、行旅死亡人の遺留物件に家財道具を含ませてい
る点です。

この公告に対し、第三者が客観的な証明に成功しない限り、行旅死亡人
の遺留物件であることを覆すことは困難なため、市営住宅内にある家財道
具等を行旅死亡人の遺留物件として廃棄することが可能だからです。推定
相続人の同意書を取る理由は、既述のように（138頁）、不在者の所有物が
遺留物件の中にないことを確認するためです。

設問の事例では、記載例の太字部分によって（158頁）、また、推定相続
人の同意書を取ることによって、行旅死亡人の遺留物件と確定させること
ができるのです。

その上で、例えば遺留物件の保管に不相当な費用がかかるとか、手数を

要するとかを理由に廃棄すればよいのです。

3 今後の運用の課題

　今般の設例により、全ての行旅死亡人が残した遺留物件を、市町村が廃棄しなければならないということにはならない点に注意が必要です。

　例えば、民間の賃貸住宅において賃借人が死亡し、結果として行旅死亡人とされた場合においては、当該賃貸住宅内の遺留物件の撤去は、賃貸人と賃借人の関係で解決しなければなりません。不在者のものか、行旅死亡人のものか分からないものを行旅死亡人の遺留物件として、市町村が税金を支出して賃貸人の負担を軽減することになれば、住民監査請求によって職員が賠償責任を負う可能性もあるからです。

　もちろん、行旅死亡人の遺留物件だというのであれば廃棄できるのですから、行旅死亡人の遺留物件かどうかを客観的に証明することができるかどうかが最大の論点となります。

　それでは、どのようにして客観的に証明できるのでしょうか。それは、行旅死亡人の遺留物件の廃棄費用を、当該行旅死亡人の遺留金で処理できるかどうかが重要です。廃棄費用に1円でも公金を使えば、市町村としては公金の支出の説明責任を果たす必要があります。一般的に住民が困っているからといっても、相反する解釈の一方の立場で、公金を支出することは困難です。この点、遺留金50万円の範囲内で遺留物件を廃棄できるのであれば、近隣住民への迷惑行為を行政主体で解消できることになります。もちろん、行政の裁量権の範囲内であるとの解釈も成り立つので、遺留金の有無にかかわらず、遺留物件の廃棄を行うことも可能だと思われます。特に、公営住宅において同様の事例が生じた場合には、住宅セーフティネット機能保持のためにも、積極的に適用させることが必要と考えます。

　なお、火葬費用と遺留物件の廃棄費用の充当順位についてですが、既述

のように、遺留金そのものについても、第三者による申出が考えられることから、公告後60日の経過を待って、行旅死亡人の取扱費用に充当することになります。このため、火葬費用の発生が最初にありますが、この点については、後日の費用弁償の問題になるだけであり、その順番は法令上見当たりません。仮に火葬費用等を合わせると遺留金の額を超える場合であったとしても、遺留物件の廃棄費用は、行旅死亡人の取扱費用にほかならないのですから、問題はないと考えます。

4 墓埋法及び生活保護法を活用した ゴミ屋敷のゴミの撤去

　次に、墓埋法及び生活保護法に基づく設例を通じて、身寄りのない単身入居者が、公営住宅内に残した家財道具等の廃棄方法について、確認していきましょう。

(1)　設例

　一人暮らしの年金受給高齢者甲が、公営住宅内で孤独死し、死後１か月程度して、近隣住民の通報により、警察官によって９月上旬に発見されました。甲には死亡した配偶者と子がいましたが、子は甲の遺体の引取りを拒否したため、引取者はいません。

　このため、ある市の福祉事務所に死体の引取り依頼がなされました。このときの「死体及び所持品引取書」の所持品目録には、現金50万円の記載がありました。

　一方、その公営住宅の居宅は、以前からゴミ屋敷としても有名で、近隣入居者は、居室内から発生する異臭に悩まされていました。

　孤独死が発見されてからは、ゴミの匂いや保安上の観点から、ますます不安になり、住宅管理部門へは苦情が殺到しています。しかし、住宅管理

部門は、相続人との間で協議中であり、当該相続人が関わりを拒否していることもあり、直ちに対応できていません。

　なお、甲にかかる火葬費用等の見込みは、607,440円でした（火葬費用は死体検案料を含めて210,000円、業者によるゴミの廃棄費用の見積りは税込みで397,440円）。

(2)　基本的な法律関係の確認

　設例を解く前に、基本的な法律関係を整理してみましょう。

ア　相続について

　被相続人の子は、相続人となります（民法887条1項）。相続の放棄（同法915条1項）をしない限り、被相続人の財産に属した一切の権利義務を承継することになります（同法896条）。ただし、既述のように、公営住宅の居住権については、当然には相続することはありません（最判平成2年10月18日民集44巻7号1021頁、国対応方針の別添2「公営住宅における単身入居者死亡後の残置物への対応方針（案）」の中でも「単身入居者の死亡後の住宅については、公営住宅法…第27条第6項の規定により、その使用を承継する入居者は存在しない」としています）。

イ　身寄りのない遺体の火葬について

　既に確認したように、行旅死亡人以外の者であって死体の火葬を行う者がないとき又は判明しないときは、死亡地の市町村長が、これを行わなければならないとされています。

　すなわち、墓埋法9条1項に基づき火葬を行うことになります。なお、死者に対してその葬祭を行う扶養義務者がない場合において、その遺留した金品で、葬祭を行うことができないときであっても、当該死亡地の市町村長以外の例えば民生委員が葬祭を行ってくれる場合には、生活保護法18条2項の規定に基づき、当該民生委員に対して葬祭扶助を行うことになり

ます。

墓埋法

第9条　死体の埋葬又は火葬を行う者がないとき又は判明しないときは、死亡地の市町村長が、これを行わなければならない。

2　（略）

生活保護法

（葬祭扶助）

第18条　（略）

2　左に掲げる場合において、その葬祭を行う者があるときは、その者に対して、前項各号の葬祭扶助を行うことができる。

一　被保護者が死亡した場合において、その者の葬祭を行う扶養義務者がないとき。

二　死者に対しその葬祭を行う扶養義務者がない場合において、その遺留した金品で、葬祭を行うに必要な費用を満たすことのできないとき。

---

(3)　生活保護法に基づく葬祭扶助、墓埋法に基づく葬祭費用及び行旅死亡人法に基づく行旅死亡人取扱費用の回収方法に違いはあるのか

　次に、実務上、生活保護法に基づく葬祭扶助と墓埋法に基づく葬祭費用の回収方法とで違いがあるのでしょうか。また、行旅死亡人法と生活保護法とで費用回収方法について違いがあるのでしょうか。

　この点、遺留金について行旅死亡人法11条は、「行旅死亡人取扱ノ費用ハ先ツ其ノ遺留ノ金銭若ハ有価証券ヲ以テ之ニ充テ仍足ラサルトキハ相続人ノ負担トシ相続人ヨリ弁償ヲ得サルトキハ死亡人ノ扶養義務者ノ負担トス」と規定し、遺留金は火葬費用に充てることができると明記されています。

　また、行旅死亡人法13条は「市町村ハ第9条ノ公告後60日ヲ経過スルモ仍行旅死亡人取扱費用ノ弁償ヲ得サルトキハ行旅死亡人ノ遺留物品ヲ売却シテ其ノ費用ニ充ツルコトヲ得…」と規定し、住所及び氏名が明らかであ

る者のように、公告を要しない者の場合や相続人等から火葬費用の弁償を受けられなかった場合は、直ちに遺留物件を売却して火葬費用に充当できるとも解釈できるような規定をしています。

　一方、生活保護法76条1項では、「第18条第2項の規定により葬祭扶助を行う場合においては、保護の実施機関は、その死者の遺留の金銭及び有価証券を保護費に充て、なお足りないときは、遺留の物品を売却してその代金をこれに充てることができる」と規定しているのです。この点、生活保護法では、葬祭扶助といった用語を使用しており、葬祭扶助を行う要件として、葬祭を行う者（葬祭執行者）があることのほか、①被保護者が死亡した場合において、その者の葬祭を行う扶養義務者がないとき、又は②死者に対しその葬祭を行う扶養義務者がない場合において、その遺留した金品で、葬祭を行うに必要な費用を満たすことのできないとき、と規定しています（生活保護法18条2項）。すなわち、葬祭を行う扶養義務者がいないことを要件としています（生活保護法では、死者に対する葬祭義務を何人かに課した規定はありませんが、民法による扶養義務の中に被扶養者の葬祭をすることが含まれるというのが判例です（『生活保護手帳別冊問答集2019年度版』283～284頁（中央法規、2019））。

　しかし、被保護者の場合であれば、扶養義務を有する者は一般的にはいないはずです。一方で、被保護者以外の者の場合であれば、死者の遺留金品で葬祭に要した費用を満たし得るときは、葬祭扶助を行うことはできませんから（生活保護法18条2項2号）、葬祭扶助を行ったときには、葬祭を行う扶養義務者がいなかったことになり、弁償を受ける必要は原則としてありません。

　一方、行旅死亡人法では、行旅中に死亡し引取者がいない場合や住所、居所若しくは氏名が知れず、かつ、引取者がいない死亡人について、死体の所在地の市町村に死体の火葬を義務付けています。そして、既述のように（140頁以下）、その費用は行旅死亡人取扱費用とされ、死亡者の遺留の金銭又は有価証券があればそれを充当し、なお足りない場合は相続人、死

亡者の扶養義務者の順で負担しなければならないとされています。すなわち、死亡者の相続人や扶養義務者がいるケースでは、その者が行旅死亡人取扱費用を出さなければならない点に違いがあります。しかし、一定の期間後も行旅死亡人の取扱費用の弁償を得られない場合には、遺留物件を売却できることになり、結論としては同じになります。

　また、自宅や病院等の施設で死亡し、扶養義務者がないケースでは、病院等の施設長や民生委員などが葬祭執行者となるケースが多いため、生活保護法に基づく葬祭扶助が行われている場合が大半です。

　結論として、生活保護法に基づいて葬祭扶助を行ったときも、墓埋法により火葬を行ったときも、その費用を回収できるまで、市長は、火葬にかかった費用を限度として、死者の遺留物品を相続人の有無にかかわらず、火葬費用に充当できるということになります。

　このため、公告が必要なケースであれば公告後、公告が必要ないケースであれば直ちに、遺留物品を公売して火葬費用に充てることができます。

(4)　設例の検討

　設例の場合については（161頁）、墓埋法又は生活保護法によって火葬を行うことになりますので、それぞれの法律に基づいて、遺留物件が廃棄できないか考えてみましょう。

　既に(3)で確認したように、墓埋法又は生活保護法のいずれにも、火葬を行った場合の費用の回収方法が規定されています。いずれの場合にも火葬費用が回収されるまで、当該死者の遺留物件を売却してでも、回収できるように明記されているのです。行旅死亡人の場合と違って、遺留物件に対する市町村の保管義務はありません。これは、行旅死亡人が一般的には行旅中に死亡するため、遺留の物件が多くないことが通常だからだと思われます。しかし、墓埋法や生活保護法に基づく場合には、死者の現在地に通常は家財道具があり、当該家財道具の保管義務を自治体に課すことが現実的でないことが、保管義務を規定していない理由ではないかと考えるとこ

ろです。もっとも、火葬費用の回収に必要であれば、当該遺留物件を自治体の手元において売却できるのですから、費用回収の必要性があれば自治体で保管することは裁量の範囲内といえます。

　市営住宅は、住宅セーフティネットとして欠かせない資源です。このため、生活困窮者の住宅確保を図る観点から、福祉部局と連携することが求められていると考えるべきでしょう。したがって、静観しておくことは許されません。行政としては、住宅困窮者の住宅確保といった公益性を前面に出して遺留物件の保管に臨み、そして、その保管に不相当の費用や手数を要するといった理由を付けて廃棄すればよいのです。なお、行旅死亡人の場合と異なり、「遺留物件」を特定する必要はありません。

　仮に第三者の物であっても、民法178条によりその動産の引渡しが第三者に対する対抗要件だからです（市営住宅には法人が入居することはないため、動産譲渡の対抗要件の特例もありません）。

　住宅セーフティネットの確保のためにも前向きな検討が必要です。

　なお、財産的に価値のある物件があった場合については、廃棄できませんので、廃棄と売却を組み合わせて、市営住宅内にある家財道具等を廃棄できるようにする必要があります。

民法
　（動産に関する物権の譲渡の対抗要件）
　第178条　動産に関する物権の譲渡は、その動産の引渡しがなければ、第三者に対
　　抗することができない。

⑸　今後の運用の課題

　今般の設例は、公営住宅居住者という限定された者を対象に、住宅セーフティネット確保のための制度の構築という観点から設定をしました。

　このため、民間の賃貸住宅において身寄りのない賃借人が死亡した場合においては、当該賃貸住宅内の遺留物件の撤去は、原則として賃貸人と賃

借人の関係で解決しなければなりません。既述のように（160頁）、市町村が税金を支出して賃貸人の負担を軽減することになれば、職員が賠償責任を負う可能性もあるからです。しかし、今後、民間の賃貸住宅が生活困窮者に対する住宅セーフティネットの構築に必要となるような状況になるのであれば、公営住宅との整合性を考える必要も出てくると思われます。この点は次の項で詳述します。

民間賃貸住宅内で 単身入居者が死亡した後に 残された家財道具等の 撤去について

高齢単身者の入居を嫌がる大家さんへの対策として、モデル契約条項なるものが国から公表されましたが、使い勝手については第8（90頁以下）で確認してきたように、民間の力だけでは利用が困難になる制度でした。

　モデル契約条項の公表理由でも示されていましたが、高齢化や核家族化の進展により、最近では、こういった孤独死や残置物の処理等の問題の影響等もあり、一人暮らしの65歳以上の人は、民間の賃貸住宅への入居を断られることが多いといわれています。日本賃貸住宅管理協会が平成26年度に行った調査によっても、60歳以上の単身者の入居について、「拒否感がある」と回答した大家の割合は、約6割もあったのです。実際に60歳以上の単身者の入居を断っている大家は、14.2％にも上っていたのですから、住宅セーフティネットの確保の観点からも、行政対応を考える時代に入ったといえるでしょう。こういった背景の下、平成28年3月に閣議決定された住生活基本計画（全国計画）においては、「住宅確保要配慮者の増加に対応するため、空き家の活用を促進するとともに、民間賃貸住宅を活用した新たな仕組みの構築も含めた、住宅セーフティネット機能を強化」することとされました。

　このことを受けて、住宅セーフティネット機能を強化するための必要な検討が国において行われてきました。そして、住宅確保要配慮者に対する賃貸住宅の供給の促進に関する法律（平成19年法律112号、住宅セーフティネット法）の一部を改正する法律が、平成29年10月25日から施行されたのです。法律の概要は、空家等を住宅確保要配慮者の入居を拒まない賃貸住宅として、賃貸人が都道府県等に登録する制度を創設し、都道府県等は、登録住宅の情報開示を行うとともに、要配慮者の入居に関し賃貸人を指導監督する一方で、登録住宅の改修・入居への支援を行うというものです。

　しかし、実際の登録状況は、令和元年5月8日の衆議院国土交通委員会での質疑を確認する限り、令和2年度末までに175,000戸の登録を目標としているにもかかわらず、制度開始から約1年半たった平成31年4月15日現在で、登録数が8,352戸、受付、審査中のものを含めても11,026戸という状

況にすぎないのが現状です。

　事業者の関心が低いというのが最大の理由だとは思いますが、やはり、高齢単身者の孤独死の問題が皆無とはいえないのではないでしょうか。

　この際、家賃低廉化や家賃債務保証料あるいは改修費用の補助制度を十分なものにするとともに、孤独死による影響を少しでも抑える施策が行政には求められているのではないでしょうか。新たな財政支出が困難というのであれば96頁以下のような施策（自治体との連携）を検討すべきです。この点、民間の保険会社にも孤独死に対応する保険があるのも事実ですが、当該保険料をもともと安かった家賃に転嫁することの不安や原状回復費用、孤独死発見後の風評被害による家賃損失補償の限界があるという事実も無視できない点です。そこで、住宅確保要配慮者の入居を拒まない住宅として登録されていることを条件として、次のような施策を行うことにより、大家さんの意識も変わるのではないかと考えます。

1 住宅確保要配慮者の入居を拒まない住宅として登録されている住宅に対する行政の施策

　高齢者等の住宅確保要配慮者の住宅セーフティネットでもある公営住宅については、例えば、東京都営住宅の一般募集住宅の平均倍率が26.2倍（平成27年11月一般募集）、川崎市営住宅の募集倍率が11.6倍（国土交通省ホームページ　新たな住宅セーフティネット検討小委員会（第2回）（平成28年6月21日）の配付資料　資料2−3：https://www.mlit.go.jp/common/001135715.pdf）、全国平均でも7.5倍（同資料）と募集倍率が非常に高く、住宅確保要配慮者であっても、誰もが入れる状況にはありません。また、自治体の財政状況からは、老朽化した公営住宅の改修や建替えを優先せざるを得ず、また、将来的な人口減少等を見据えて新規の公営住宅の供給には慎重であること

から、今後とも公営住宅の増加は見込めないところです。

　こういった事情の下にありながら、ここまで公営住宅で検証してきた手法を民間賃貸住宅であるからといった理由で放置することは、住宅確保要配慮者の住宅を確保するといった大きな政策課題に悪い影響を与えることはほぼ確実といえるのではないでしょうか。

　そこで、公営住宅に準じた住宅といえる住宅確保要配慮者の入居を拒まない住宅として登録されている住宅に対する施策を提案していきたいと思います。

⑴　福祉課所管の法令を活用すれば行政で放置されたままの家財道具等を廃棄できる場合

　福祉課所管の法令を活用すれば行政で放置されたままの家財道具等を廃棄できる場合とは、基本的に遺留金によって家財道具等の廃棄費用を賄うことができるケースです。行旅死亡人のケースと墓埋法及び生活保護法に基づくケースを検討していきましょう。

ア　行旅死亡人のケース

　行旅死亡人のケースでは、基本的に遺留物件を廃棄できれば居室を確保することが可能になります。しかし、遺留物件に財産的な価値があるケースも皆無とはいえませんので、二つのケースを検討していきましょう。

㋐　遺留物件を廃棄できるケース

　行旅死亡人のケースであれば、129頁以下で確認したように、遺留金によってゴミの廃棄費用の全額を賄うことができれば、職員が個人賠償を負うおそれもなく安心してゴミの廃棄を行うことができます。したがって、公営住宅に準じた住宅といえる住宅確保要配慮者の入居を拒まない住宅として登録されている住宅に対する施策として、市町村が保管義務を履行することにより、結果的に遺留物件を廃棄することができます。

㋑　遺留物件が行旅死亡人取扱費用を超えるケース

　ただし、財産的価値のある物件が遺留物件とされた場合には、売却して（142頁以下）、行旅死亡人取扱費用に充当する必要がありますので、同費用を超える場合には注意が必要です。行旅死亡人法14条によれば、相続人か正当な請求者に残金を引き渡さなければならないのです。

行旅死亡人法

第14条　市町村ハ行旅死亡人取扱費用ノ弁償ヲ得タルトキハ相続人ニ其ノ保管スル遺留物件ヲ引渡スヘシ相続人ナキトキハ正当ナル請求者ト認ムル者ニ之ヲ引渡スコトヲ得

　行旅死亡人の場合には、通常であれば名前も住所も不明とされた者ですから、相続人などは見つかりません。したがって、相続財産管理人を選任して残金を引き渡さなければならないので、その選任手続そのものが市町村にとっては大きな負担になりかねません。しかし、この点については、既述のように平成30年2月8日の衆議院予算委員会において、「身寄りのない人が亡くなって受取手のない現金を地方自治体が保管をする遺留金…各地の自治体がその取扱いに苦慮をしております」といった質疑がされています。

　この質疑に対し、「法務省におきましても、身寄りのない方が亡くなり少額の遺留金があるといった事例で、相続財産管理人の選任請求に必要な経費が負担できず対応が困難な場合があるとして、遺留金をどのように取り扱うか、その対策について要望する地方公共団体が存在することも承知をしているところでございます。地方公共団体におきまして遺留金の取扱いをどのようにするか、今は各種行政法規で規律されているところでございますが、法務省といたしましても、相続財産管理制度を含む民事基本法制を所管するという立場でございます。ただいまの御指摘も踏まえまして、関係省庁と連携をして、この遺留金の取扱いについて、必要な検討を行ってまいりたいと考えております」という答弁をしています。したがって、必ずしも、相続財産管理人を選任して残余の遺留金を返還する必要はなさ

そうです。

　結局のところ、遺留金の額が少なければ相続財産管理人の選任をせずに、各自治体で歳入歳出外現金として保管している実態に合わせる以外に方法は見当たりません。

　なお、大阪では令和元年7月9日に大阪弁護士会館において「財産管理人制度に関するセミナー」が開催され、大阪家庭裁判所家事第4部財産管理係から「相続財産管理人・不在者財産管理人制度について」という資料が配布されています。そして、当該資料の12頁には、「自治体等による申立てにおける予納金について、公益性が高いことを踏まえた運用を行っている」として30万円以上の遺留金があれば、予納金不要で相続財産管理人の選任手続を行ってくれるようです。したがって、行旅死亡人取扱費用に充当しても30万円以上の遺留金が残るようでしたら、大阪家庭裁判所に相続財産管理人の選任手続をしてもらい、遺留金の処理をお願いしましょう。国会における議論にもかかわらず、当分の間、30万円未満の遺留金であれば各自治体において歳入歳出外現金として保管していくほかはないようです。

イ　墓埋法及び生活保護法に基づくケース

　第11・「⑷　設例の検討」で既に確認したように（165頁以下）、墓埋法又は生活保護法のいずれにも、火葬を行った場合には、火葬費用が回収されるまで当該死者の遺留物件を売却してでも回収できるように明記されています。

　行旅死亡人の場合と違って、遺留物件に対する市町村の保管義務はありませんが、費用回収の必要性があれば、自治体で保管することは裁量の範囲内といえます。そして、その保管に不相当の費用や手数を要するといった理由があれば、廃棄することが可能です。ただし、廃棄費用を遺留金で賄えない場合には、次の⑵の施策によって公益性の観点から、自治体として判断すべきでしょう。

　なお、遺留金や遺留物件の額が火葬費用を超えていた場合には、172頁以下（ア・⑷）のように、場合によっては、相続財産管理人の選任請求を大阪家庭裁判所に行うか、歳入歳出外現金として自治体において保管する必要が出てきます。しかし、基本的に相続人があるときは、当該相続人が火葬費用を出しますので、遺留金や遺留物件の額が火葬費用を超えて残り、しかも、30万円を超えて残るということはあまり考えられないでしょう。

⑵　福祉課所管の法令だけでは放置されたままの家財道具等を廃棄できない場合

　福祉課所管の法令だけでは、残された家財道具等を廃棄できない場合とは、どういう場合でしょうか。それは、生活保護法に基づいても、墓埋法によっても行旅死亡人法によっても廃棄できない場合です。すなわち、遺留金品や物品の売却益によっても、廃棄費用をはじめとした取扱費用に足りない場合を想定しています。

　民間賃貸住宅において、単身入居者が死亡後、放置されたままの家財道具等を裁判所の力を借りることなく撤去することは、自力救済に当たり、法治国家の日本では、原則として認められることではありません。

　しかし、この原則を理由に、行政が何も施策を講じなければ、住宅確保要配慮者の入居を拒まない住宅として登録されている住宅を増やすことができず、結果として、単身高齢者をはじめとした住宅確保要配慮者が住める住宅がなくなってしまう可能性が高いのです。最近になってようやく、ホームレスの方々や生活保護受給者を食い物にするいわゆるピンハネ業者である貧困ビジネスを規制する法令（生活困窮者等の自立を促進するための生活困窮者自立支援法等の一部を改正する法律（平成30年法律44号）5条による社会福祉法の一部改正部分）が、令和2年4月から施行され、貧困ビジネスが規制されていますが、こういったピンハネ業者が、ターゲットを変え、住宅確保要配慮者を食い物にする可能性も否定できないのです。

　したがって、行政としては、公営住宅に準じるこういった登録住宅に対

して、それなりの施策を実施しなければならない責務があるといえます。

　具体的には、登録住宅の全てということも現実的ではありませんので、家賃が自治体で定める額以下の住宅であって、かつ、保証人を求めていない登録住宅に限定して始めるのです。

　行政としても通常の家賃が高額であったり、保証人をとったりしている場合には、賃貸人である事業者が本来支出すべき費用を税金から支出することになり、住民理解を得るには困難が予想されるからです。

　それでは、自治体としてどのような手法の下で施策を行うことができるでしょうか。以下、検討していきましょう。

ア　地自法224条に基づく分担金を徴収して放置された家財道具等を撤去できるか

> **地自法**
> （分担金）
> 第224条　普通地方公共団体は、政令で定める場合を除くほか、数人又は普通地方公共団体の一部に対し利益のある事件に関し、その必要な費用に充てるため、当該事件により特に利益を受ける者から、その受益の限度において、分担金を徴収することができる。

　地自法224条では、「数人」又は「普通地方公共団体の一部」に対し、利益のある事件に関し、分担金を徴収することができると規定していますので、この点から検討していきます。

　まず、「数人」とは、「地域的に関係のない特定多数人をいう」と解釈されています。民間賃貸住宅において、単身入居者が死亡後、放置されたままの家財道具等を撤去できれば、特定の家主は利益を受けますが、ゴミ屋敷でない限り、周りの住人が利益を受けるとはいい切れません。したがって、数人に対して利益のある事件とはいえません。このため、分担金の徴収の観点からの検討は行いません。

イ　地自法227条に基づく手数料を徴収して放置された家財道具等を撤去できるか

> **地自法**
> （手数料）
> 第227条　普通地方公共団体は、当該普通地方公共団体の事務で特定の者のためにするものにつき、手数料を徴収することができる。

　次に、地自法227条では、「普通地方公共団体の事務」で「特定の者のためにする」事務につき手数料を徴収できると規定していますので、検討します。

　まず、「普通地方公共団体の事務」の範囲は、公権力の行使に当たる事務に限定されないと解釈されています（昭和44年2月6日行政実例）。民間賃貸住宅において、単身入居者が死亡後、放置されたままの家財道具等を撤去することが、当該地方公共団体の生活困窮者のための住宅セーフティネット施策の一つであるのであれば、地方公共団体の事務と説明できそうです。

　次に、「特定の者のためにする」事務とは、「一個人の要求に基づき主としてその者の利益のために行う事務（身分証明、印鑑証明、公募閲覧等）の意で、もっぱら地方公共団体自身の行政上の必要のためにする事務については手数料を徴収できない」と解釈されています（昭和24年3月14日行政実例）。したがって、当該地方公共団体が、生活困窮者のための住宅セーフティネット施策の一つとして行えば、行政上の必要のためにする事務として、手数料を徴収することは困難となります。

ウ　地自法232条の2により公益上の必要に基づいて補助できるか

> **地自法**
> （寄附又は補助）
> 第232条の2　普通地方公共団体は、その公益上必要がある場合においては、寄附

　次に、地自法232条の2では、「公益上必要がある場合においては」、「補助をすることができる」と規定されていますので検討します。「公益上必要がある」とは、客観的にも認められることが必要と解釈されています（昭和28年6月29日行政実例）。しかし、営利会社に対する町村の補助は、特別の事由がある場合のほかは、公益上必要があるとは認められないとも解釈されています（行政裁判所判昭和6年12月26日行政裁判所判決録42輯1318頁）。すなわち、客観的な公益と特別な事由が必要であるとされています。この点、一定の要件に該当する登録住宅に補助を行うことは、住宅確保要配慮者の住居を確保するといった行政にしかできない施策であり、客観的にもまた特別の事由も説明できると考えることができます。

　したがって、一定の民間賃貸住宅において、単身入居者が死亡後、放置されたままの家財道具等を撤去することが、当該地方公共団体の生活困窮者のための住宅セーフティネット施策の一つであるという前提の下に補助を行うことができると考えます。

　なお、阿部泰隆名誉教授は、近著において次のような考え方を示されており、現場職員の間では好評ですので紹介しておきます。

　「明渡しは、民事上の問題であり、勝手に家財道具を搬出することは、自力救済に当たるとして、法治国家では許されないという考えが前提となっている。しかし、たかがセンベイ布団などを撤去するために自力救済を行っても、入居者の権利が実質的に侵害されるわけではないし、そのために裁判を必要とするのは、およそ費用対効果の点でも無駄であるから、行方不明、死亡の場合には、家財道具は公営住宅管理者において撤去して、権利者が引き取るまで一定期間保管（その後は処分してもよい）との特別の規定を置くべきである。

　民間借家物件でも、同様の場合には自力救済を許すべきである。さもないと、家主の経営が困難になるし、さらに家主は老人を入れたくないと反

応して、老人の住宅難を惹起する。現に身寄りのない高齢者の借家探しは
至難といわれている」(阿部泰隆『日本列島「法」改造論続々・政策法学講座』
(第一法規、2018))。

　阿部先生が示されているように、老人の住宅難を惹起するようでは、行
政の立場がありません。行政にしかできない施策として、公益上の必要性
に基づいて補助を行う施策を早急に実施しなければなりません。

(3)　モデル契約条項の活用

　90頁以下でも確認しましたが、国が作ったモデル契約条項は、受任者と
なる者にとっては、その責任の重さから敬遠される傾向が強いのが現実で
す。しかし、住宅確保要配慮者の入居を拒まない住宅として登録されてい
る住宅については、住宅に困窮する低額所得者の住宅セーフティネットと
しての公営住宅と区別する行政的な理由は見つかりません。モデル契約条
項を活用していく理由も説明できます。このため、自治体の空き家対策の
一環として、あるいは、生活困窮者自立支援の一環として、それぞれの担
当課長が受任者になることを実現できるように自治体としての準備が必要
です。担当課長に負担がかかるようであれば、任期付きの弁護士職員を活
用することや相続人調査や法的能力をもった再任用職員の活用を働き掛け
ることも、現実的対応だと思われます。

第

13

結びに

公営住宅が、住宅セーフティネットの役割を果たしていることは、周知のとおりです。しかし、新たな公営住宅が建設されて公募に回される公営住宅が増えたという話はほぼ聞くことがありません（既存の入居者が住む市営住宅の耐震化のために建替えを行うことがありますが、既存の入居者がそのまま住み替えますので、公募に回る住宅はわずかしかありません）。どの自治体も右肩上がりの時代の終えんとともに、行政の継続性の観点から、身の丈に合った財政支出を行っているからでしょう。したがって、既存の公営住宅を大切に確実に利用していくことが、自治体には求められています。

　そのような貴重な公営住宅ですが、単身入居者が死亡したり、失踪したりした後、公営住宅内に家財道具等が放置されたままとなっていれば、当該住宅を住宅に困窮する低額所得者に賃貸することもできず、国民生活の安定と社会福祉の増進に寄与することを目的とする公営住宅法の精神にも反することになります。

　少子高齢化が加速し、高齢者の住宅支援が喫緊の課題となる一方で、国勢調査によれば、男性の生涯未婚率は昭和60（1985）年3.9％から令和2（2020）年25.7％へ6.5倍、女性は4.3％から14.9％へ3.5倍となっています。孤独死に関する調査では、50歳代以下の若年孤独死が全体の4割に上り、残置物処理に関するルールの制定と簡素化について、公益社団法人全国賃貸住宅経営者協会連合会からの要望として、国土交通省、法務省、厚生労働省による「住まい支援の連携強化のための連絡協議会」で述べられています。現在は、そのワーキンググループが設置され協議が行われています。

　速やかな法改正を強く求めつつも、現行の制度でできることを、知恵を出しながら実践する必要があります。過去においても、自治体は、放置自転車、放置自動車対策等において、国の法制化に先んじて、憲法における財産権に抵触することなく、使える現行法令を駆使し、条例で補完しながら、その課題解決に取り組んできた実績があります。

　今回の公営住宅における遺品整理、残置物の処理に関しても、先日の大阪高裁判決が確定すれば、その4要件を条例で規定して、対応することも

可能になります（87頁参照）。

　公営住宅という住宅セーフティネットの役割を考慮すれば、より公益性を踏まえた取組みを検討する余地もあると考えています。

　本書で紹介した一自治体のささやかな取組みを参照していただき、これを超える新しい取組みを行う自治体が出現することを願っています。

○残置物の処理等に関するモデル契約条項

残置物の処理等に関するモデル契約条項

（前注）

　近時、賃貸用建物の所有者が単身の高齢者（60歳以上の者）に対して建物を賃貸することを躊躇し、そのために単身の高齢者が居住用物件を賃借しようとしても借りることができないという問題が生じている。これは、賃貸借契約の継続中に賃借人が死亡した場合に、相続人の有無や所在が分からなかったり、相続人との連絡が付かなかったりすると、賃貸借契約を終了させ、また、物件内に残された動産（残置物）を処理することが困難になるというリスク（以下「残置物リスク」という。）を賃貸人が感じていることが主な理由である。そのため、残置物リスクを軽減することが、単身の高齢者が賃貸物件に入居する機会を拡大することにつながると考えられる。

　以下のモデル契約条項（以下「本件契約条項」と総称する。）は、単身の高齢者が住居を賃借する事案において、賃借人が死亡した場合に残置物を円滑に処理することができるようにすることで残置物リスクを軽減し、賃貸用建物の所有者の不安感を払拭することを目的とするものであり、3つのまとまりからなる。第1のまとまりは、賃借人が賃貸借契約の存続中に死亡した場合に、賃貸借契約を終了させるための代理権を受任者に授与する委任契約（以下「解除関係事務委任契約」ということがある。）の条項である。第2のまとまりは、賃貸借契約の終了後に残置物を物件から搬出して廃棄する等の事務を委託する準委任契約（以下「残置物関係事務委託契約」ということがある。）の条項である。第3のまとまりは、賃貸借契約に上記（準）委任契約に関連する条項を設けるものである。解除関係事務委任契約と残置物関係事務委託契約は委託される事務の内容が異なることから異なるまとまりとして条項案を示したが、同一の受任者との間で締結する場合には、その形式も1通の契約書として差し支えない。第3のまとまりは賃貸借契約の一部であるから、賃貸人と賃借人との間で締結される。

　本件契約条項は、上記のとおり、残置物リスクを軽減し、賃貸用建物の所有者の不安感を払拭することを目的とするものであるが、一方で賃借人による財産の管理に一定の負担を課す面があるため、残置物リスクに対する賃貸用建物の所有者の不安感が生ずるとは考えにくい場面（例えば、個人の保証人がいる場合には、保証人に残置物の処理を期待することもできるため、一般に、残置物リスクに対する不安感は生じにくいと思われる。）で使用した場合、民法第90条や消費者契約法第10条に違反して無効となる可能性がある（最終的には個別の事案における具体的な事情を踏まえて裁判所において判断される。）。また、いうまでもないが、本件契約条項を利用するためには、賃借人及び受任者がその内容を十分に理解した上で任意に同意していることが必要である。

第1　解除関係事務委任契約のモデル契約条項

（第1の前注）
1　解除関係事務委任契約は、賃貸借契約の存続中に賃借人が死亡した場合に、合意解除の代理権、賃貸人からの解除の意思表示を受ける代理権を受任者に授与するものである。
2　賃借人が死亡すると賃貸借契約上の賃借人としての地位は相続人に相続されるため、これが解除されると相続人がその地位を失うこととなる。このように解除関係事務委任契約に基づく代理権の行使は相続人の利害に影響するから、解除関係事務委任契約の受任者はまずは賃借人の推定相続人のいずれかとするのが望ましく、その上で、推定相続人の所在が明らかでない、又は推定相続人に受任する意思がないなど推定相続人を受任者とすることが困難な場合には、居住支援法人や居住支援を行う社会福祉法人のような第三者を受任者とするのが望ましいと考えられる。
　　賃貸借契約の解除をめぐっては賃貸人と賃借人（の相続人）の利害が対立することもあり得、それにもかかわらず賃貸人に賃貸借契約の解除に関する代理権を与えることは委任者である賃借人（の相続人）の利益を害するおそれがある。したがって、解除関係事務委任契約については、賃貸人を受任者とすることは避けるべきである（賃貸人を受任者とする解除関係事務委任契約は、賃借人の利益を一方的に害するおそれがあり、民法第90条や消費者契約法第10条に違反して無効となる可能性がある。）。また、賃貸人から委託を受けて物件を管理している管理業者が受任者となることについては、直ちに無効であるとはいえないものの、賃貸人の利益を優先することなく、委任者である賃借人（の相続人）の利益のために誠実に対応する必要がある。
　　なお、解除関係事務委任契約の委任者は賃借人であるから、賃借人がその意思に従って受任者を選ぶべきであることはいうまでもない。
3　残置物リスクを懸念する賃貸人は、通常は、解除関係事務委任契約が締結されていることを確認した上で賃貸借契約を締結するものと考えられる。このため、賃貸借契約上、解除関係事務委任契約が締結されたことを賃貸人に対して通知する義務などは設けていないが、実務運用としては、賃借人が解除関係事務委任契約を締結した旨及び受任者の氏名・名称や連絡先などの必要事項を賃貸人に連絡し、賃貸人がこれを確認してから賃貸借契約を締結するという運用がされることになると考えられる。解除関係事務委任契約が解除されるなどした後に新たに同内容の契約が締結された場合については、賃貸借契約の締結に先立って事実上その通知を要求するという機会がないため、その旨を賃貸人に通知すべき旨の規定を設けている（後記第3の第1条第2項参照）。

第1条（本賃貸借契約の解除に係る代理権）
　　委任者は、受任者に対して、委任者を賃借人とする別紙賃貸借契約目録記載の賃貸借契約（以下「本賃貸借契約」という。）が終了するまでに賃借人である委任者が死亡したことを停止条件として、①本賃貸借契約を賃貸

人との合意により解除する代理権及び②本賃貸借契約を解除する旨の賃貸
人の意思表示を受領する代理権を授与する。

（解説コメント）
1　本賃貸借契約の賃借人である委任者が、受任者に対して、委任者の死
亡時の賃貸借契約の解除に係る代理権（賃貸人との間で合意解除をする
代理権と、賃貸人から解除の意思表示を受領する代理権）を授与する規
定である。
2　賃借人が死亡して相続人の存否や所在が明らかでない場合には、賃貸
借契約を合意解除することが合理的であっても、賃借人側にその意思表
示をする者がいないため、合意解除によって賃貸借契約を終了させるこ
とができない。そこで、本条は、委任者が本賃貸借契約の存続中に死亡
することを停止条件として、賃貸人との間で賃貸借契約を合意解除する
代理権を受任者に授与することにより、相続人又は相続財産法人の代理
人である受任者と賃貸人との合意により、賃貸借契約を解除することを
可能とした。この場合の顕名は、例えば、「故【委任者の氏名】相続人代
理人（賃貸借契約解除関係事務受任者）【受任者の氏名】」などとするこ
とが考えられる。
3　合意解除のほか、賃借人が死亡して賃料が支払われないこととなった
場合には、賃貸人が債務不履行を理由として賃貸借契約の解除をするこ
とも考えられる。この場合にも、解除の意思表示を受領する者がいなけ
れば解除の効果を発生させることができない。そこで、本条は、委任者
が本賃貸借契約の存続中に死亡することを停止条件として、受任者に対
し、賃貸人の解除の意思表示を受領する代理権を授与することにより、
賃貸人が相続人又は相続財産法人の代理人である受任者に対して解除の
意思表示をすることで解除の効力を発生させることを可能とした。この
場合は賃貸人からの意思表示を受けることのみが委任事務の内容である
から、賃貸人からの意思表示があれば受領せざるを得ない。
4　解除関係事務委任契約は、受任者が委任者の死亡を知った時から６か
月の経過により終了するため（第１の第３条）、この間に合意解除や賃貸
人による解除権行使がされない場合（６か月経過するまでに解除の意思
表示が相手方に到達することが必要である。）には、受任者の代理権は消
滅する。
5　解除関係事務委任契約と残置物関係事務委託契約を同じ相手方との間
で締結するのであれば、この第１と後記第２を統合した契約条項を設け
ることになり、本条を例えば（「本賃貸借契約」は第２の第１条において
既に定義されていることからその定義部分を調整した上で）第２の第１
条と第２の第２条の間に移すことが考えられる。

第２条（受任者の義務）
　受任者は、本賃貸借契約の終了に関する委任者（委任者の地位を承継し
たその相続人を含む。以下この条において同じ。）の意向が知れているとき

はその内容、本賃貸借契約の継続を希望する委任者が目的建物の使用を必要とする事情その他一切の事情を考慮して、委任者の利益のために、本契約に基づく委任事務を処理する義務を負う。

（解説コメント）
1　解除関係事務委任契約に基づく受任者の義務に関する規定である。
2　受任者は、解除関係事務委任契約に基づき、元の委任者の信頼を受けて委任事務の処理を委任されるから、受任者が委任事務を処理するに当たっては、委任者（委任事務を処理する時点においては、元の委任者は死亡していると考えられるため、委任者の地位を承継したその相続人）の利益のために委任事務を処理する必要があり、その際には、元の委任者の意向（例えば、生前に、「子の○○が住みたいと言えば住まわせてあげてほしい」などの意向が示されることも考えられないではない。）や委任者たる地位を相続して委任者となった相続人の意向が知れている場合にはその内容や、賃貸借契約の継続を希望する相続人がいる場合は、その相続人がどのような事情で建物の使用を必要としているのかなどを考慮する必要があると考えられる。本条はこの点を規定したものである。
　　第1の前注において、「管理業者が受任者となることについては、直ちに無効であるとはいえないものの、賃貸人の利益を優先させることなく、委任者である賃借人（の相続人）の利益のために誠実に対応する必要がある」旨記載したが、この解除関係事務委任契約において、管理業者が受任者であるかどうかにかかわらず受任者は本条に基づく義務を負い、委任者（その時点では、元の委任者の相続人）の利益のために委任事務を処理する必要がある。
3　解除関係事務委任契約と残置物関係事務委託契約を同じ相手方との間で締結するのであれば、この第1と後記第2を統合した契約条項を設けることになり、本条については第2の第3条と統合することが考えられる。

第3条（本契約の終了）
　　以下の各号に掲げる場合には、本契約は終了する。
①　本賃貸借契約が終了した場合
②　受任者が委任者の死亡を知った時から【6か月】が経過した場合
※【】内は、当事者が具体的な事案に即して合意の内容や必要事項等を記載することを予定したものである。以下【】及び●は同様の趣旨で用いる。

（解説コメント）
1　解除関係事務委任契約の終了に関する規定である。
2　本賃貸借契約が終了した場合には、本賃貸借契約終了に関する代理権を受任者に授与することは無意味である。この場合には、解除関係事務委任契約を存続させる意味がないため、①を終了原因とすることとした。

3　②は、例えば委任者の相続人が委任者の賃貸借契約上の地位を承継することを希望しているため、受任者が賃貸借契約の終了に関する代理権を行使しないこととした場合を想定した規定である。このような場合には終了に関する代理権を存続させる意味はないが、解除関係事務委任契約が当然に終了するわけではないため、一定の期間の経過により契約を終了させることとしたものである。この期間の起算点を「受任者が委任者の死亡を知った時」としたのは、単身の賃借人の死亡を受任者が知らないまま長期間が経過することも考えられるため、受任者が知らないうちに解除関係事務委任契約が終了していたとか、受任者が委任事務を処理している最中に契約が終了してしまったという事態が生じないようにするためである。すみ付き括弧内には、受任者が委任者の死亡を知ってから解除関係事務委任契約や残置物関係事務委託契約（第2の第11条においても同様の期間を規定するため）に基づく委任事務を処理するまでに要するであろう期間を参考に、ある程度余裕を持った期間を記載することを想定している。

4　解除関係事務委任契約と残置物関係事務委託契約を同じ相手方との間で締結するのであれば、この第1と後記第2を統合した契約条項を設けることになり、本条については第2の第11条と統合することが考えられる。

（別紙）

賃 貸 借 契 約 目 録

下記賃貸人及び賃借人間の下記賃貸物件を目的物とする●年●月●日付け建物賃貸借契約

記

　　賃 貸 人　　【住所、氏名】
　　賃 借 人　　【住所、氏名】
　　賃貸物件　　【住所、部屋番号等】

第2　残置物関係事務委託契約のモデル契約条項

（第2の前注）
1　残置物関係事務委託契約は、賃貸借契約の存続中に賃借人が死亡した場合に、賃貸物件内に残された動産類（残置物）の廃棄や指定された送付先への送付等の事務を受任者に委託するものである。
2　残置物関係事務委託契約の受任者についても、解除関係事務委任契約と同様、①賃借人の推定相続人のいずれか、②居住支援法人、居住支援を行う社会福祉法人又は賃貸物件を管理する管理業者のような第三者が考えられる。

　　賃貸人自身を受任者にすることを避けるべきであること、管理業者は委任者である賃借人（の相続人）の利益のために誠実に対応することが求められることについては、解除関係事務委任契約と同様である。
　　また、残置物関係事務委任契約においても委任者は賃借人であるから、賃借人がその意思に従って受任者を選ぶべきであることも、解除関係事務委任契約と同様である。
3　残置物関係事務委任契約についても、解除関係事務委任契約と同様、賃貸借契約においてこの契約が締結されたことの通知義務などは設けていない。実務運用としては、賃借人が残置物関係事務委任契約を締結した旨及び受任者の氏名・名称や連絡先などの必要事項を賃貸人に連絡し、賃貸人がこれを確認した上で賃貸借契約を締結するという運用がされることになると考えられる。

第1条（定義）
　　本契約において、次の各号に掲げる用語の意義は、当該各号に定めるところによる。
①「委任者」【賃借人の氏名・名称】をいう。
②「受任者」【受任者の氏名・名称】をいう。
③「非指定残置物」　委任者が死亡した時点で後記⑨の本物件内又はその敷地内に存した動産（金銭を除く。）であって、委任者が死亡した時点で所有しており、かつ、後記④の指定残置物に該当しないものをいう。
④「指定残置物」　委任者が死亡した時点で後記⑨の本物件内又はその敷地内に存した動産（金銭を除く。）であって、第4条第1項の規定に従い、委任者が廃棄してはならないものとして指定したものをいう。
⑤「指定残置物リスト」　委任者が廃棄してはならないものとして指定した物及びその取扱方法を記載した、別紙1のリストをいう。
⑥「委任者死亡時通知先」【通知を希望する者の氏名・名称、住所等の連絡先】をいう。
⑦「本賃貸借契約」　賃貸人及び委任者の間の、別紙2賃貸借契約目録記載の賃貸借契約をいう（更新された場合は更新されたものを含む。）。
⑧「賃貸人」【賃貸人の氏名・名称】をいう。
⑨「本物件」　本賃貸借契約の目的物である物件をいう。

（解説コメント）
1　本条は、残置物関係事務委任契約において使用される用語の意義を規定したものである。
2　①の「委任者」及び②の「受任者」は、残置物関係事務委任契約の当事者である。
　　前記のとおり、残置物関係事務委任契約は住居の賃貸借契約の存続中に賃借人が死亡した場合に、残置物の撤去を円滑に実現することを目的とするものであり、その賃貸借契約（⑦において「本賃貸借契約」とされる。）における賃借人が委任者となる。

3 　③から⑤までは、賃貸借契約の目的である物件（⑨において「本物件」とされる。）内にある動産であって残置物関係事務委託契約に基づく廃棄等の対象となるものと対象とならないもの、これらを区別するために作成されるリストを定義するものである。

　③の「非指定残置物」は、残置物関係事務委託契約によって廃棄等の事務が委託される動産である。これに該当する要件は、ⅰ委任者が死亡した時点で本物件内又はその敷地内に存する動産であること、ⅱ金銭でないこと、ⅲ委任者が死亡した時点で所有していたこと、ⅳ指定残置物に該当しないことである。残置物関係事務委託契約は賃借人の死亡後に本物件内に残された動産を処分する事務を委託するものであることから、ⅰが要件となる。敷地を含めたのは、厳密には建物の内部ではないが、敷地内に動産が残されている（例えば、駐輪場に自転車が残されているなど）可能性があるからである。委任者の死亡時を基準としたのは、死亡後に委任者の所有物が本物件内に持ち込まれることはそもそも考えにくく、仮に持ち込まれることがあったとしても委任者の意思に基づくものではないため、委任者が廃棄を希望しないものが廃棄されてしまう可能性があるからである（このような趣旨からすると、委任者が死亡前に注文し、死亡後に本物件に届けられた荷物は、委任者の意思に基づいて本物件内に持ち込まれたものであり、委任者の死亡時期や配送事情等の偶然の事由により死亡前に届けられた場合と区別する合理的理由はないため、「死亡時に存した」という要件を満たすものと扱ってよいと考えられる。）。

　ⅱでは、金銭が残置されていた場合にこれを廃棄しなければならないというのは相当ではないから、金銭を除外している。金銭については、非指定残置物、指定残置物とは別の処理をすべきであると考えられるため、指定残置物等から除外した上でその処理方法について別途条項を設けている（第2の第8条）。

　ⅲは、本物件内にある他人物はその所有者に返還すべきであり、委任者が廃棄等を依頼することは相当でないから、廃棄等の対象を委任者の所有物に限定したものである。したがって、非指定残置物はいずれも相続財産である。その所有権は委任者の死亡によってその相続人に移転するが、受任者は委任者としての地位を承継した相続人から委託を受けた者として、その所有物を廃棄等することになる。

　ⅳは、廃棄してはならないものとして指定された指定残置物を廃棄等の対象から除外するものである。

　④の「指定残置物」は、廃棄ではなく、指定された送付先に送付することが委託される動産である。その要件は、ⅰ委任者が死亡した時点で本物件内又はその敷地内に存した動産であること、ⅱ金銭でないこと、ⅲ指定残置物リストに記載するなどの方法により廃棄してはならないものとして指定されていることである。指定残置物には第三者の所有物（委任者の相続財産ではないもの）が含まれており、この点で非指定残置物とは異なっている。

　　指定残置物に指定されることが想定されるものとしては、委任者の所有物であって委任者自身が廃棄を希望しない動産及び委任者以外の者が所有する動産が考えられる。前者の例としては、例えば委任者が遺言によって相続人に相続させることとした動産、遺贈又は死因贈与した動産が考えられる。指定残置物を指定する方法は第2の第4条が定めており、リストに記載する方法や指標の貼付その他により明らかにする方法などが挙げられている。

　　⑤の「指定残置物リスト」は、受任者に廃棄してはならないと指示する動産を記載したリストである。その書式は別紙のとおりであり、どの動産が指定されているのかを特定した上、その処理方法を明示する必要がある。もっとも指定残置物の指定方法は指定残置物リストに記載する方法に限られないため、指定残置物がない場合はもちろん、指定残置物を指定する場合であっても、指定残置物リストを必ず作成しなければならないわけではない。

4　⑥の「委任者死亡時通知先」は、受任者が委任者の死亡を知ったときに、自分が第2の第2条各号に掲げる事務を受任していることを通知すべき相手であり（第2の第5条）、委任者の希望する通知先を記載することを想定している。通知先については、氏名／名称、住所／所在地、電話番号、メールアドレスなど、通知をするために必要な情報を記載する。委任者が通知を希望しない場合には、記載する必要はない（任意的記載事項）。

5　⑦から⑨までは、賃貸借契約に関する用語を定義するものである。

第2条（残置物処分に係る事務の委託）

　　委任者は、受任者に対して、本賃貸借契約が終了するまでに委任者が死亡したことを停止条件として、次に掲げる事務を委託する。
① 　第6条の規定に従い、非指定残置物を廃棄し、又は換価する事務
② 　第7条の規定に従い、指定残置物を指定された送付先に送付し、換価し、又は廃棄する事務
③ 　第8条の規定に従い、指定残置物又は非指定残置物の換価によって得た金銭及び本物件内に存した金銭を委任者の相続人に返還する事務

（解説コメント）
　　本条は、委任者から、受任者に対して、委任者の死亡時の残置物の処理に係る事務を委任する規定である。
　　委任事務の内容は、非指定残置物は第2の第6条の規定に従って廃棄又は換価し、指定残置物は第2の第7条の規定に従って送付、換価又は廃棄を行い、指定残置物又は非指定残置物の換価によって得た金銭及び本物件内に存した金銭は第2の第8条の規定に従って委任者の相続人に返還することである。

第3条（受任者の義務）

受任者は、残置物の処理に関する委任者（委任者の地位を承継したその相続人を含む。以下この条において同じ。）の意向が知れているときはその内容、指定残置物及び非指定残置物の性質、価値及び保存状況その他一切の事情を考慮して、委任者の利益のために、本契約に基づく委任事務を処理する義務を負う。

（解説コメント）
　残置物関係事務委託契約に基づく受任者の義務に関する規定である。
　受任者は、残置物関係事務委託契約に基づき、元の委任者の信頼を受けて委任事務の処理を委任されるから、受任者が委任事務を処理するに当たっては、委任者（委任事務を処理する時点においては、元の委任者は死亡していると考えられるため、委任者の地位を承継したその相続人）の利益のために委任事務を処理する必要がある。その際には、委任者の意向（元の委任者については、指定残置物の指定という形で意向が示されているため、実質的に問題になるのは委任者たる地位を相続した相続人の意向である。）が知れている場合には、その意向を考慮することが考えられる。例えば、相続人の一人が非指定残置物の一部の引取りを希望した場合には、これに応ずることが委任の本旨から許されることもある。もっとも、ここでいう「委任者の利益」は委任者全体の利益であり、たまたま指定残置物として指定されていなかった客観的価値のある動産について、複数の相続人が引取りを希望した場合には、そのいずれかに引き渡すのではなく、換価することが望ましいと考えられる。相続人の意向のほかに考慮すべき事項としては、例えば、残置物の性質、価値及び保存状況が挙げられる（例えば、残置物が指定残置物として指定されていなかった場合でも、その残置物が高い客観的価値を持つと思われる場合には、第2の第6条第1項ただし書に基づいて換価するよう努力するべきであると考えられる。）。本条はこの点を規定したものである。
　第2の前注において、「管理業者は委任者である賃借人（の相続人）の利益のために誠実に対応することが求められることについては、解除関係事務委任契約と同様である」旨記載したが、第1の解除関係事務委任契約と同様、この残置物関係事務委託契約においても、管理業者が受任者であるかどうかにかかわらず受任者は本条に基づく義務を負い、元の委任者の相続人の利益のために委任事務を処理する必要がある。

第4条（指定残置物の指定）
1　委任者は、次に掲げる方法により、指定残置物を指定するものとする。
　①　指定残置物リストに掲載する方法
　②　廃棄してはならない物であることを示す指標を貼付するなど、当該動産が指定残置物であることを示す適宜な措置を講ずる方法
2　指定残置物を指定するに当たっては、その物を特定し、かつ、その送付先の氏名又は名称、住所又は所在地を明らかにしなければならない。
3　本物件内に委任者以外の者が所有する物が存するに至ったときは、委

　任者は、第１項及び第２項の規定に従い、遅滞なく、これを指定残置物
　として指定しなければならない。
4　委任者が、本物件又はその敷地内に存する動産を遺贈し、特定財産承
　継遺言をし、又は委任者の死亡によって効力を生ずる贈与をしたときは、
　委任者は、第１項及び第２項の規定に従い、遅滞なく、その目的である
　動産を指定残置物として指定しなければならない。この場合において、
　委任者は、指定残置物の遺贈又は特定財産承継遺言について遺言執行者
　を指定し、又はその指定を第三者に委託したときは、その遺言執行者又
　は第三者をその指定残置物の送付先としなければならない。

（解説コメント）
1　本条は、委任者が指定残置物を指定するための方法を定めた規定であ
　る。
2　指定残置物は、本物件内に存する動産のうち廃棄せずに送付先に送付
　すべきものであるが、第２の第６条が定めるとおり、指定残置物として
　指定されていなければ本物件内に存する動産は原則として廃棄されるた
　め、指定残置物は、その他の動産から明確に識別できるようにしておく
　必要がある。そこで、本条第１項は、指定残置物の指定の方法として、
　①指定残置物リストへの掲載、②指標を貼付するなど、当該動産が指定
　残置物であることを示す適宜な措置を講ずる方法の二つを挙げており、
　委任者がいずれかの方法を選択することになる。
　　指定残置物リストへの掲載については、もちろん動産を物単位で掲載
　する方法（別紙１の１を参照）でも差し支えないが、その方法に限らず、
　その他の動産から明確に識別できるようにすれば足りる。例えば、特定
　の金庫や容器内に保管された動産について廃棄してはならない旨をリス
　トに掲載しておき、その金庫や容器内に動産を保管しておくこと（別紙
　１の２を参照）でも差し支えない。
　　指標を貼付する方法とは、動産にシールを貼ってそこに廃棄してはな
　らない旨記載することなどであり、その他の適宜の方法とは、例えば特
　定の金庫や容器内に保管された動産について廃棄してはならない旨を指
　定残置物リストへの掲載以外の方法により（例えば、当該金庫や容器に
　シールを貼って、そこにその中の動産を廃棄してはならない旨記載する
　ことにより）明示した上でその金庫や容器内に動産を保管しておくこと
　などが考えられる。
　　指定残置物として指定する場合には、その動産を他の動産から区別で
　きる程度に特定した上で、当該動産を廃棄してはならない旨を明確にし
　ておくことが必要である。動産自体に指標を貼付する場合はその目的物
　は明確であるが、リストに掲載する場合には特定に留意する必要がある。
　例えば、高価なテレビを指定残置物リストに記載する場合、本物件内に
　テレビが１台しかない場合には単に「テレビ」と記載すれば足りるが、
　本物件内にある複数のテレビの一部を廃棄対象から除外する場合は、メー
　カー、大きさ、設置場所などの要素によっていずれのテレビを廃棄の

対象から除外するのかを特定する必要がある。また、特定の金庫内に保管された動産について廃棄してはならない旨を掲載しておく場合における金庫の特定についても同様に、本物件内に金庫が1個しかない場合には単に「金庫」と記載すれば足りるが、本物件内にある複数の金庫の一部（の中にある動産）を廃棄対象から除外する場合には、メーカー、大きさ、設置場所などの要素によって特定が必要である。

3　指定残置物として特定された動産については、受任者は指定された第三者に送付することを予定しており、第2項においては、それぞれの指定残置物について送付先を明示しなければならないこととしている。明示の方法に限定はないが、指定残置物リストに掲載された場合には、当該指定残置物リストに記載がされることが想定される。他方で、動産自体に指標を貼付する場合には当該指標に送付先を記載するなどの方法が考えられる。

4　廃棄してはならない動産としては、①委任者の所有物であって委任者自身が廃棄を希望しない動産、②委任者以外の者が所有する動産が考えられ、①として委任者が遺言によって相続人に相続させることとした動産、遺贈又は死因贈与した動産が考えられる。委任者以外の者が所有する動産や死因贈与などした動産については、廃棄してしまうと本来の所有者、受贈者等と受任者との間でトラブルが生じかねないため、第3項及び第4項前段は、他人物が本物件内に存するに至った場合や特定財産承継遺言、遺贈、死因贈与をした場合には、その目的物である動産を指定残置物として指定しなければならないこととした。第3項では、他人物が（本物件内ではない）本物件の敷地内に存するに至ることは、他人物が本物件内に存するに至る場合に比べて想定しにくいこと、（本物件内ではない）本物件の敷地内の動産については、本物件内の動産の場合に比べて賃貸人の残置物リスクに対する不安感が生じにくいと思われることから、他人物が本物件の敷地内に存するに至った場合の指定義務を規定することとはしていない。もっとも、委任者以外の者が所有する動産について、廃棄してしまうと本来の所有者と受任者との間でトラブルが生じかねないのは同様であるから、同様に委任者において指定残置物としての指定を行うという運用がされることが望ましいと考えられる。

遺贈の履行は、遺言執行者がある場合には遺言執行者のみが行うことができることとされている（民法第1012条第2項）ため、第4項後段は、委任者が指定残置物の遺贈について遺言執行者又は遺言執行者の指定を第三者に委託したときは、その者をその指定残置物の送付先にしなければならないこととした（送付先が遺言執行者等であることまで明らかにする必要はなく、単にその氏名や住所を送付先とすれば足りる。）。

なお、委任者がある動産を死因贈与したにもかかわらず指定残置物としての指定を怠った場合には、その動産は、非指定残置物に含まれることになる。受任者と受贈者の合意により廃棄せずに受贈者に引き渡すことは委任の本旨に反しないと考えられるが、受任者がこれを廃棄したとしても、これが死因贈与の対象であることを受任者が過失なく知らなか

った場合は、受贈者に対する不法行為責任は生じないと考えられる。受贈者は、指定残置物としての指定を怠った委任者の相続人に対し、贈与契約上の債務の不履行に基づいて損害賠償等を請求する余地がある。

また、同様に、委任者以外の者が所有する動産であるにもかかわらず指定残置物としての指定を怠った場合には、受任者が誤ってこれを非指定残置物と誤認して廃棄してしまうことが生じ得る。もっとも、これが委任者以外の者の所有する動産であることを受任者が過失なく知らなかった場合には、所有者に対する不法行為責任は生じないと考えられる。所有者は、指定残置物としての指定を怠った委任者の相続人に対し、債務不履行又は不法行為に基づいて損害賠償等を請求する余地がある。

5　指定残置物の処理方法としては、第三者への送付以外に換価も考えられる。しかし、残置物関係事務委託契約が活用される場面である、単身の高齢者が死亡した場合においては、相続人の存否や所在が分からないことも多く、そうすると、仮に換価をしたとしても受任者は供託をするほかないが、委任者が供託されることを念頭に置いて換価を希望することは考えにくい。委任者にとって所有物を死後に換価する意味があるとすれば、換価によって得られた金銭を第三者に対して取得させることにあると考えられるが、そのような第三者が存在するのであれば、当該第三者に換価を依頼することも可能であるし、第三者に金銭を取得させるために換価を行うことは賃貸借契約終了後の原状回復という残置物関係事務委託契約の目的とも整合しないと思われる。そこで、本条においては指定残置物の処理方法の選択肢として換価は挙げていない。もっとも、換価を含め第三者への送付以外の選択肢を当事者の合意によって増やすことは、もとより差し支えない。

第5条（委任者死亡時通知先への通知）
1　受任者は、委任者の死亡を知ったときは、直ちに、委任者死亡時通知先に対し、委任者が死亡した旨及び受任者が委任者から第2条各号に掲げる事務を受託している旨を通知しなければならない。
2　受任者は、廃棄（第6条第2項の規定に基づくものを除く。）、送付若しくは換価のため又は第9条第3項に基づいて本物件内又はその敷地内の動産を本物件から搬出しようとするときは、2週間前までに、委任者死亡時通知先に対してその旨を通知しなければならない。
3　委任者は、いつでも、受任者に対して書面又は電磁的記録により通知することにより、委任者死亡時通知先を変更することができる。この場合、委任者死亡時通知先の変更の効力は、当該通知が受任者に到達した時に生ずる。

（解説コメント）
1　本条は、委任者死亡時通知先への通知に関する規定である。委任者が通知先を定めなかった場合には、本条は不要である。
委任者死亡時通知先は、相続人との間の紛争を可及的に防止するとい

う観点からすると、推定相続人の一人であることが望ましい。もっとも、相続人がなく、特に縁故のあった者に死因贈与などをするケースも考えられ、このような場合には死因贈与を受けた者を通知先とすることも考えられる。

2　第1項は、受任者が委任者の死亡を知った場合には、直ちにその旨を通知するとともに、自分が第2の第2条各号に掲げる事務の委託を受けていることを通知しなければならないことを規定している。また、第2項は、受任者が指定残置物及び非指定残置物を搬出しようとするときは、その2週間前までに、委任者の指定した委任者死亡時通知先に対して、その旨を通知しなければならないと規定している。

　第2の第2条各号に掲げる事務は委任者の指示に従って指定残置物及び非指定残置物を廃棄、送付又は換価すること等を内容とするものであり、受任者の裁量の余地も小さいものではあるが、委任事務が処理される時点では既に委任者本人は死亡していることもあって、その後相続人が現れた場合などには、事実上紛争が生ずる可能性があることも否定することができない。委任者の関係者が、残置物関係事務委託契約が締結されたことや受任者が誰かなどを知らない場合もあると考えられ、本物件内から突如残置物が撤去されると、一層トラブルにつながりかねない。そこで、委任者が死亡したことを委任者が指定していた通知先に早い段階で通知されるようにするとともに、搬出に先立って改めて通知を行うことにより、事後に紛争が生ずることを可及的に防止しようとするものである。受任者が指定残置物及び非指定残置物を本物件から搬出する場合としては、廃棄、換価、指定された送付先への送付などのためのほか、一時的に本物件以外の場所で保管するために搬出する場合もあるが、この場合を含め、搬出に先だって通知を行うこととしている（搬出前にどのような状態であったか、不当な処理がされていないかなどに関する紛争防止のため）。

　搬出がされることを委任者死亡時通知先に知らせることにより、搬出の可否の確認（例えば、他人の所有物が含まれているのに指定残置物の指定が漏れている場合などに、他人物が誤って廃棄されることを防止することなどが期待される。）、処理方法についての交渉（例えば、通知先から相続人に連絡がつき、受任者による事務処理としての廃棄ではなく、相続人によって非指定残置物の引取りがされることもあり得る。）などの機会を与えることになる。

3　第3項は、委任者死亡時通知先の変更方法を定める規定である。委任者死亡時通知先は残置物関係事務委託契約締結時に指定されるが、その後の状況の変化により、委任者死亡時通知先自体を変更したり、その住所等が変更されたりすることもあり得ることから、変更の手続を設けた。

第6条（非指定残置物の取扱い）
1　受任者は、委任者の死亡から【3か月】が経過し、かつ、本賃貸借契約が終了したときは、非指定残置物（保管に適しないものを除く。）を廃

棄するものとする。ただし、受任者は、換価することができる非指定残
置物については、できるだけ、換価するように努めるものとする。
2　受任者は、委任者が死亡したときは、非指定残置物（保管に適しない
ものに限る。）を廃棄するものとする。
3　受任者は、廃棄若しくは換価のため又は第９条第３項に基づき非指定
残置物を本物件から搬出する場合は、搬出するに当たって、第三者（賃
貸人、本物件に係る管理会社又は本物件に係る仲介業者等を含む。）の立
会いの下、非指定残置物の状況を確認・記録しなければならない。

（解説コメント）
1　本条は、非指定残置物の取扱いについて定める規定である。
2　第１項は、非指定残置物のうち保管に適したものの取扱いに関する規
定である。
　　第２の第５条の解説コメント記載のとおり、残置物の処理に関して事
後的に紛争が生ずる可能性があることも否定することができないことか
ら、これを可及的に防止するため、委任者の死亡から非指定残置物を廃
棄等するまでに一定の期間をおくこととした。この期間は、仮に３か月
としているが、具体的な契約においては実情に応じて当事者において合
意によって定めることになる。もっとも、上記のような趣旨に照らし、
３か月を下回る期間を定めることは避けるべきである。
　　非指定残置物の廃棄等を行うのは、死亡から３か月が経過しているだ
けでなく、本賃貸借契約が終了している場合である。賃貸借契約が終了
していない時点では、この賃貸借契約が相続人に承継される可能性が残
っており、その場合には残置物が必要となる可能性がある（例えば家電
など）からである。また、賃貸借契約が終了していなければ賃料も発生
するため、残置物が存置されていても賃貸人の被る損害は小さい。
　　保管すべき３か月の期間の起算点は死亡時であるから、死亡から３か
月が経過していれば、本賃貸借契約終了後直ちに廃棄等に着手すること
ができる。
3　非指定残置物の処理に当たっては、非指定残置物のうち、その価値等
に照らして、廃棄することが適切でないと思われる物（例えば、高価な
宝石や衣服など）を受任者が発見することも考えられる。このような場
合にも、指定残置物として指定されていなければ、受任者としては廃棄
して差し支えないのが原則である。もっとも、高価品などを一つ一つ指
定残置物として指定することは煩瑣である場合もあるため、指定しなか
ったことによる不利益を直ちに委任者（の相続人）に負担させることは
相当でないともいえる。また、委任者が指定残置物として指定すること
を失念したということも考えられ、高額な動産を廃棄することがその意
思に反することも考えられる。そこで、第１項ただし書は、指定残置物
として指定されていないものであっても、換価することができるものは
できるだけ換価するという努力義務を受任者に課すこととした。「換価す
ることができる」とは、換価によって得られる金額が換価のための費用

を上回ることであるが、この義務が努力義務であることからすると、ど
んなに少額であっても換価代金が費用を上回る限り換価しなければ債務
不履行になるとはいえない。また、できるだけ高く換価する処分先を探
索するまでの義務があるわけでもなく、一般的なリサイクル業者等に換
価の可否を査定してもらうなどのように、取引通念からみて相当な方法
で換価するという実務が考えられる。物件内の動産全体を見積もっても
らい、換価できるものは換価し、廃棄するものも含めて引き取ってもら
うというような実務も考えられる。

　なお、受任者は非指定残置物の廃棄等の事務を受任したに過ぎず、そ
の所有権を取得するものではないから、換価して得られた代金を取得す
ることはできず、委任者の相続人に対して返還する義務を負う（第2の
第8条）。

　また、廃棄に着手するまでに相続人や利害関係者が現れ、非指定残置
物の引取りを希望することも考えられる。受任者は非指定残置物の廃棄
等の事務を履行する債務を負っているが、委任者が無価値と判断して廃
棄等を委任したものであるから、その引取りを希望する者に対して交付
することは、必ずしも委任の本旨に反しないものと考えられる（当該委
任者が無価値と判断して廃棄等を委任したものを第三者に交付すること
によっても、受任者の義務は履行されたものと考えられる。）。もっとも、
明らかに換価し得るものを第三者に交付してしまうことは、第1項ただ
し書との関係で問題がある。したがって、一般論としては、第三者に交
付するとしても、客観的な価値は小さいがその第三者が主観的価値を見
いだしているものを社会通念の範囲内で交付することに限られる（いわ
ゆる形見分けのようなもの）。また、高額なものが指定残置物として指定
されていないことを奇貨として受任者自身がこれを引き取ることは、第
1項ただし書との関係で問題がある。

　なお、廃棄物の処理及び清掃に関する法律上、非指定残置物の中に同
法にいう「廃棄物」が含まれる場合において、受任者がその収集・運搬・
処分をリサイクル業者等に委託するときは、原則として当該リサイクル
業者等に同法に規定する廃棄物処理業に係る許可が必要である（この場
合、処理に当たっては、同法施行令に規定する処理基準に従わなければ
ならない）ことに留意が必要である。他方で、受任者自身が収集・運搬・
処分を行う場合には、当該許可は不要であると考えられる。

4　第2項は、非指定残置物のうち保管に適しないものの取扱いに関する
　規定である。食料品など3か月間保管することができないものがこれに
　当たる。これについては、委任者が死亡したときは、直ちに廃棄するこ
　とができることとしている。第2項の対象になる非指定残置物の性質上、
　委任者死亡時通知先に通知する時間的余裕がないと考えられること、高
　額なものは少ないと考えられることから、通知先への通知や換価の努力
　義務は定めていない。

5　第3項は、受任者が、第三者の立会いの下、搬出前の非指定残置物の
　状況を確認・記録すべき旨を規定している。本物件内にどのような動産

があったか、その処分方法が適切であったかなどを巡ってその後紛争が生ずることもあり得ることから、これに備えて廃棄等・搬出前の状況を確認・記録することとしたものである。この確認・記録は、例えば、写真撮影等によることが考えられる。立ち会う第三者としては、相続人、委任者死亡時通知先などが考えられるが、上記の趣旨に照らして、括弧書きのとおり、賃貸人や管理会社、仲介業者等が当該第三者となることが妨げられるわけではない。

第7条（指定残置物の取扱い）
1　受任者は、本賃貸借契約が終了したときは、指定残置物を、指定された第三者に対して、受任者の選択する方法により、送付するものとする。ただし、指定された第三者の行方不明その他の理由により当該第三者に対して指定残置物を送付することが不可能又は困難である場合には、受任者が選択する者に売却する方法により当該指定残置物を換価することができ、当該指定残置物の性質その他の理由により換価が不可能又は困難である場合には、当該指定残置物を廃棄することができる。
2　第1項ただし書に基づく換価又は廃棄は、委任者の死亡から【3か月】が経過し、かつ、賃貸借契約が終了した後でなければ、することができない。
3　受任者は、送付、換価若しくは廃棄のため又は第9条第3項に基づき指定残置物を本物件から搬出する場合は、搬出するに当たって、第三者（賃貸人、本物件に係る管理会社又は本物件に係る仲介業者等を含む。）の立会いの下、指定残置物の状況を確認・記録しなければならない。

（解説コメント）
1　指定残置物の取扱いの方法を定める規定である。
2　第1項は、指定残置物リスト等において第三者への送付が指定されている物について、原則として、当該リスト等において指定された第三者に対して、受任者が選択する方法（例えば、国内であれば郵便や宅配便、海外であればクーリエや国際宅配便などが考えられる。）により送付する旨を定めている。もっとも、当該リスト等において指定された第三者に送付したところ転居していて転居先が判明しないとか、既に死亡している、受領を拒否されたなど、当該第三者への送付が不可能・困難な場合も考えられる。このような場合には、直ちに廃棄をすることも考えられるが、委任者が一定の価値を認めて廃棄を望まなかった物であるから、一定期間経過後に受任者において換価を行うことができることとした。また、主観的な価値はあるが客観的には価値の乏しい物などのように、これを換価する市場がなく換価が不可能な場合や、買取りを希望する者が存在しないとまではいえないものの、希望者を募るのに著しい手間を要する場合などのように換価が困難な場合もあり得る。このような場合には、受任者は指定残置物を廃棄することができるものとした。実務的には、リサイクル業者等に見積もりを依頼し、換価が不可能である場合

には廃棄してよいと考えられる（廃棄をする指定残置物の中に廃棄物の処理及び清掃に関する法律にいう「廃棄物」が含まれる場合において、受任者がその収集・運搬・処分をリサイクル業者等に委託するときは、原則として当該リサイクル業者等に同法に規定する廃棄物処理業に係る許可が必要である（この場合、処理に当たっては、同法施行令に規定する処理基準に従わなければならない）等の点は、第6条の解説コメントにおいて述べたのと同様である。）。

　換価や廃棄をするまでに当該第三者の所在等を探索しなければならないかも問題となるが、指定残置物の送付先は委任者が指定残置物リスト等に明示しておくべき事柄であるから、受任者にその探索義務まで負わせるのは相当でない。例えば当該第三者が転居していたために送付先から残置物が返送されてきた場合には、原則として受任者としてはそれ以上の探索を行うことなく、換価を行うことができると考えられる。

3　第2項は、第2の第6条第1項と同様の趣旨から、換価又は廃棄は委任者の死亡後3か月経過後かつ本賃貸借契約終了後でなければ、することができないこととするものである。
4　第3項は、第2の第6条第3項と同様の趣旨から、受任者が、第三者の立会いの下、搬出前の指定残置物の状況を確認・記録すべき旨を規定している。

第8条（金銭の取扱い）

　受任者は、第6条第1項ただし書又は第7条第1項ただし書に基づいて指定残置物又は非指定残置物を換価したとき及び本物件内に金銭があったときは、第2条第1号及び第2号に掲げる事務の終了後遅滞なく、換価によって得た金銭及び本物件内にあった金銭を委任者の相続人に返還するものとする。

（解説コメント）
　本条は、受任者が指定残置物又は非指定残置物を換価した場合に得た金銭、本物件内に金銭があった場合の当該金銭の取扱いについて規定したものである。本物件内に残されていた金銭は指定残置物にも非指定残置物にも該当しないから、これらとは別に、金銭を対象とする返還事務を委託することとしている。いずれも委任者の相続人に返還するものとしているが、第2の第6条第1項ただし書に基づいて換価して得た金銭は「委任事務を処理するに当たって受け取った金銭」（民法第646条第1項前段）であるから、これを委任者の相続人に返還するのは、同法第656条において準用する同法第646条第1項前段を確認したものである。

　他方、第2の第7条第1項ただし書に基づいて換価した代金についても同様に「委任事務を処理するに当たって受け取った金銭」にあたるが、もともとは第三者に送付しようとしていた物の価値代替物であるから、送付先の第三者に換価した代金を送付することも考えられる。しかし、委任者が当該第三者への送付を委託したのはあくまでこれが動産であることを前

提としたものであることが多いと考えられるし、当該第三者の所在が判明
していて受領してくれることを前提としたものであると考えられるから、
これらの前提がいずれも満たされなくなった場合には、代金を当該第三者
へ送付するのではなく、いったん委任者（の相続人）に返還させることと
した。本条は、このような考え方に基づいて、第2の第7条第1項ただし
書に基づく換価によって得られた代金については、これを委任者の相続人
に支払うべきことを明確化する意味がある。もっとも、この点については
当事者の合意内容によって、当該第三者への送付を委託することも可能で
ある。

　なお、いずれについても相続人の存否や所在が明らかでなく、受任者が
これを過失なく知ることができないときは、供託することになると考えら
れる。

第9条（受任者の権限）

1　受任者は、委任者の死亡後、第2条各号に掲げる事務を処理するため、
本物件内に立ち入ることができる。

2　受任者は、第1項に基づいて本物件内に立ち入るために必要があると
きは、賃貸人に協力を求めることができる。

3　受任者は、第2条各号に掲げる事務の処理に当たって、本物件内又は
その敷地内の動産を本物件又はその敷地から搬出し、本物件又はその敷
地以外の場所に保管することができる。

（解説コメント）

1　受任者が残置物関係事務委託契約に基づく事務を処理するに当たり有
する権限を定める規定である。

2　第1項及び第2項は、賃貸物件への立入りに関する規定である。賃貸
物件内に残置された物の廃棄等を行うためには賃貸物件への立入りが必
要となるから、第1項において、受任者は物件内に立ち入ることができ
ることを規定するとともに、賃貸物件の入口は施錠されていることが想
定されるから、第2項において、賃貸人に協力（具体的には、賃貸人が
保有するマスターキーによる開錠などが想定される。）を求めることがで
きると規定している。

3　第3項は、非指定残置物等に該当するかどうかにかかわらず、本物件
内又は本物件の敷地内の動産を本物件又はその敷地から搬出し、別の場
所に保管することができる旨を確認した規定である。廃棄等を行うこと
ができるようになるのが死亡から3か月を経過した後であり、それまで
受任者は残置物を保管しなければならないから、例えば、倉庫やトラン
クルームなどにおいて残置物を保管することを想定したものである。賃
貸物件内の残置物を賃貸物件内に保管したままとすると、賃貸人として
は賃貸物件を賃借人以外の者に賃貸することができない。また、賃借人
の相続人としても、保管が継続する間賃料（あるいは賃料相当額の損害
賠償・不当利得）の負担が生ずる一方、保管場所の移転によっては特段

の不利益は生じない。そのため、賃貸物件以外に適切な保管場所が存在するのであれば、残置物を賃貸物件から搬出し、他の場所に保管することが望ましいと考えられる。

　残置物をいったん搬出して保管し、委任者の死後3か月が経過したために廃棄する際には、改めての第2の第5条に基づく通知や第2の第6条第3項に基づく第三者の立会いは不要である。これらは、賃貸物件内にどのような残置物があり、それらがどのような状態であったかを確認する機会を設けるためのものであり、搬出時にこの機会が設けられていれば足りるからである。

第10条（委任事務処理費用）

1　受任者は、本契約に基づく委任事務を処理するのに必要と認められる費用を支出したときは、委任者の相続人に対し、その費用及びその支出の日以後における利息の償還を請求することができる。

2　受任者は、指定残置物又は非指定残置物の換価を行った場合及び本物件内に金銭が存した場合にあっては、委任者の相続人に対し、換価によって得た額及び本物件内に存した金銭の合計額を第1項の費用及び利息に充当した上で残額を返還することができるものとする。

（解説コメント）
1　残置物関係事務委託契約に基づく委任事務の処理に当たり、受任者が負担した処分費用に関する規定である。
2　第1項は、民法第656条が準用する第650条第1項の内容を確認的に規定したものである。
3　第2項は、指定残置物又は非指定残置物を換価した場合及び本物件内に金銭が存した場合は、換価によって得た金額及び本物件内に存した金銭の合計額から費用を控除することができることとしている。
4　受任者は、委任者の相続人に対し、委任事務を処理するために支出した費用及び利息の償還を請求することになるが、相続人の有無や所在が明らかでない場合など、発生した費用及び利息を委任事務の終了後に回収することが困難である場合もあり得る。

　このような場合に備えて、例えば、賃貸借契約において、「賃貸人は、残置物関係事務委託契約に基づく賃借人の相続人の費用及び利息の償還債務を第三者弁済することができるものとし、賃借人はこれに同意する」という確認規定を置いた上で、「賃貸人が当該規定に基づき残置物関係事務委託契約に基づく賃借人の相続人の費用及び利息の償還債務を第三者弁済した場合には、当該第三者弁済により発生した賃借人の相続人に対する求償権の弁済に敷金を充てることができ、目的物件の明渡し時に当該求償権が発生している場合には、当該求償権の額を敷金から差し引いた額を返還することができる」という規定を置く方法が考え得る。これに加えて、充当できる敷金が求償権の全部に満たない場合に備えて、別途、求償権（のうち敷金から充てることができなかった部分）を被保証

債権とする保証契約を締結しておくという対応も考え得るが、いずれにせよ、委任者及び受任者との間で、委任事務処理の方法や方向性について十分に意思疎通を図っておく必要があることはいうまでもない。

第11条（本契約の終了）
以下の各号に掲げる場合には、本契約は終了する。
① 本賃貸借契約が終了した時に委任者が死亡していない場合
② 受任者が委任者の死亡を知った時から【6か月】が経過するまでに本賃貸借契約が終了しなかった場合

（解説コメント）
1 残置物関係事務委託契約の終了に関する規定である。
2 ①は、賃貸借契約が終了した時に委任者が死亡していない場合には、委任者自身が残置物の処理を含む賃貸物件の明渡しを行うことが可能であり、残置物関係事務委託契約を存続させる理由がないことから、これを終了事由としたものである。
3 ②は、例えば委任者の相続人が委任者の賃貸借契約上の地位を承継し、引き続き賃借し続ける意思がある場合には、委任者の死亡との関係では残置物関係事務委託契約を存続させる必要がないこととなるから、第1の第3条第2号に基づき解除関係事務委任契約が終了するまでの一定期間の間に賃貸借契約の解除がされない場合には、残置物関係事務委託契約が終了すると規定したものである。この点については、委任者の相続人が賃貸借契約上の地位を承継するのであれば、当該相続人の死亡時に備えて、相続によって当該相続人に残置物関係事務委託契約上の地位もあわせて承継させることも考えられるが、相続の対象としてしまうと、理論的にはこれらの地位が別個に相続されてしまう可能性もある（例えば、遺産分割協議において賃貸借契約上の地位については相続人の一人が承継すると規定したものの、残置物関係事務委託契約上の地位については規定がされなかった場合には、残置物関係事務委託契約上の地位については相続人が共有することになると考えられる。）。そこで、上記②の場合にはいったん残置物関係事務委託契約は終了することとした。本賃貸借契約の賃借人の地位を承継した者は、後記第3の第1条に基づき新たに残置物関係事務委託契約を締結するように努めなければならない。

（別紙1）

指 定 残 置 物 リ ス ト

1 指定残置物 【ピアノ（●●社製）】
　現在の所在場所 【居間】
　所有者 【委任者】
　送付先 【氏名、住所など】

備考　　　　　　【上記送付先に死因贈与したもの】

2　指定残置物　　　【金庫（●●社製）内にある一切の物】
　　現在の所在場所　【居間】
　　所有者　　　　　【委任者】
　　送付先　　　　　【氏名、住所など】
　　備考　　　　　　【上記送付先に死因贈与したもの】

3　……

（別紙2）
賃 貸 借 契 約 目 録

下記賃貸人及び賃借人間の下記賃貸物件を目的物とする●年●月●日付け建物
賃貸借契約
記
　賃 貸 人　　【住所、氏名】
　賃 借 人　　【住所、氏名】
　賃貸物件　　【住所、部屋番号等】

第3　賃貸借契約におけるモデル契約条項

第1条（残置物の処理に関する契約が解除された場合の措置）
　1　別紙契約目録記載1の委任契約（以下「解除関係事務委任契約」とい
　　う。）又は別紙契約目録記載2の準委任契約（以下「残置物関係事務委託
　　契約」という。）が本契約の終了までに終了した場合には、賃借人は、速
　　やかに、終了した解除関係事務委任契約又は残置物関係事務委託契約（以
　　下この項において「終了した契約」という。）と同内容の契約を新たに締
　　結するように努めるものとする。ただし、既に賃借人が終了した契約と
　　同内容の契約を締結しているときは、この限りでない。
　2　賃借人は、解除関係事務委任契約又は残置物関係事務委託契約のいず
　　れかが終了した場合及びこれらと同内容の契約を新たに締結したときは、
　　賃貸人に対してその旨を書面又は電磁的記録により通知しなければなら
　　ない。

（解説コメント）
　1　賃貸借契約の存続中に解除関係事務委任契約や残置物関係事務委託契
　　約が終了した場合には、賃借人において、速やかに同内容の契約を新た
　　に締結するように努める義務を定めるものである。もっとも、既に同内
　　容の契約が締結されている場合には、これに加えて新たに同内容の契約

を締結する必要はない。そこで、ただし書はこの場合を除外している。

新たに締結する契約の相手方は、従来の受任者とは異なる者であることが多いと考えられるが、同じ者でも差し支えない（相続人が賃貸借契約を承継することとし、受任者が旧賃借人の死亡を知った時から6か月の経過によって解除関係事務委任契約等が終了する場合は、同じ者との間で同内容の契約が締結されることが多いと考えられる。）。

2　第2項は、解除関係事務委任契約等が終了した場合、新たに締結された場合には、これらの契約の委任者となる賃借人は賃貸人にその旨を通知しなければならないこととするものである。賃借人が死亡した場合には、賃貸人は賃借人の死亡を知ったときに解除関係事務委任契約等の受任者にその旨を通知しなければならないこと、受任者との間で解除に関する協議を行うこととなることから、賃貸人が受任者を把握することができるよう、通知義務を課すこととしたものである。

第2条（賃借人の死亡等の場合の通知義務）

1　賃貸人は、賃借人が死亡したことを知ったときは、速やかに、解除関係事務委任契約の受任者（これと同内容の契約が後に締結された場合にあっては、当該契約の受任者）に対し、その旨を書面又は電磁的記録により通知しなければならない。

2　賃貸人は、本契約が終了したときは、速やかに、残置物関係事務委託契約の受任者（これと同内容の契約が後に締結された場合にあっては、当該契約の受任者）に対し、その旨を書面又は電磁的記録により通知しなければならない。

（解説コメント）

1　賃借人が死亡しても、解除関係事務委任契約の受任者はこれを知るとは限らないため、賃貸人がこれを通知することとしたものである。最初に締結された委任契約が解除されるなどして新たな委任契約が締結されているときは、その受任者に対して通知を行う。

2　解除関係事務委任契約及び残置物関係事務委託契約は、賃貸借契約が終了した時に委任者が死亡していない場合には終了するが（第1の第3条、第2の第11条）、当該受任者は賃貸借契約の終了を知り得ないため、賃貸人がその旨通知することとした。

（別紙）

契　約　目　録

1　下記委任者及び受任者間の下記委任事務を内容とする●年●月●日付け委任契約

記

　　　　委 任 者　　【賃借人の住所、氏名】
　　　　受 任 者　　【受任者の住所、氏名】
　　　　委任事務　　【本契約が終了するまでに委任者が死亡した場合に、①本賃貸
　　　　　　　　　　借契約を賃貸人との合意により解除する事務及び②本賃貸借契
　　　　　　　　　　約を解除する旨の賃貸人の意思表示を受領する事務】

　2　下記委任者及び受任者間の下記委任事務を内容とする●年●月●日付け準
　　委任契約
　　　　　　　　　　　　　　　　記
　　　　委 任 者　　【賃借人の住所、氏名】
　　　　受 任 者　　【受任者の住所、氏名】
　　　　委任事務　　【本契約が終了するまでに委任者が死亡した場合に、本契約の
　　　　　　　　　　目的物件内に残された動産を廃棄、送付又は換価し、本契約の
　　　　　　　　　　目的物件内に存した金銭を委任者の相続人に返還する事務】

（出典：国土交通省ホームページ　https://www.mlit.go.jp/jutakukentiku/house/jutakukentiku_
house_tk3_000101.html）

○公営住宅に放置された家財道具等の取扱いに関する主な法令

法令	目的	主な内容等	主な対応	問題点
公営住宅法	公営住宅の適正な管理義務	・公営住宅の供給を行う地方公共団体は、常に公営住宅の状況に留意し、その管理を適正かつ合理的に行うように努めなければならない（15条）。 ・公営住宅の明渡請求（32条）。	・公営住宅法15条の管理義務の規定に基づいて、家財道具等を移動している自治体があります。 ・裁判所に公営住宅の明渡しを求める訴えを提起し、確定判決を債務名義にして、執行官に処分してもらっています。	・即時強制の根拠条項にはなり得ないため、自力執行の禁止原則に反します。 ・裁判費用や執行費用がかかるばかりか、その間、住宅セーフティネットである公営住宅を公募できません。
公営住宅法施行令	公営住宅に入居できる者の資格の明確化	収入が、政令（6条）で定める金額以下で、かつ、自治体が条例で定める収入金額以下で、住宅に困窮していることが明らかな者であること（法23条）。	毎年度、収入の申告をしてもらい、収入額の認定をして家賃の算定をしています。	一定の収入額以下の高齢者等、一度入居するとずっと住み続けることができるため、保証人が死亡していたり、親族と疎遠になっていたりして、単身者が亡くなったときに家財道具等が放置されることがあります。
住宅地区改良法	改良住宅の適正な管理義務	改良地区内にある不良住宅の除却に伴い住宅を失った者で、改良住宅への入居を希望し、住宅に困窮するものに入居者を限定（18条）。	その改良地区に住んでいた者を入居させるということで、初めから目的が特定の人を入れるということになっています。	親子の代が変わるという場合にも、そのまま引き続いて入居ができるものの、親族がすべて亡くなれば公営住宅と同様の問題が生じます。

民法	所有権の公共性	・贈与者の死亡によって効力を生ずる贈与（554条）。 ・義務なく他人のために事務の管理をした者は、本人の意思を推知することができるときはその意思に従って事務管理しなければならない（697条）。 ・相続人が数人あるときは、相続財産は、その共有に属する（898条）。 ・相続人のあることが明らかでないときは、相続財産は、法人とする（951条）。 ・相続財産の管理人を選任しなければならない（952条）。 ・相続人の捜索の公告義務（958条）。	・死因贈与契約を利用して単身入居者死亡後の家財道具等を撤去・廃棄している自治体があります。 ・事務管理を根拠にして家財道具等を移動している自治体もあります。 ・相続人がいるときは相続人全員の同意書をとって家財道具等を廃棄しています。 ・100万円以上の遺留金があった場合に、相続財産管理人を選任請求している自治体があります。	・入居者よりも受贈者が早く亡くなれば効果がなくなります。 ・自治体に事務管理は、当然には適用されません。 ・相続人が数人あるときは、相続財産が共有になるので、家財道具等の撤去に際しては、当該相続人全員の同意書が必要になります。 ・相続財産管理人の選任には、膨大な時間と費用がかかります。 ・その間、公営住宅を改修し、公募することができません。
民事訴訟法	訴訟能力の補完及び和解	法定代理人が必要であるにもかかわらず、法定代理人がいない者に対して、訴訟行為をするときに特別代理人の選任を申し立てることができる（35条）。	・相続財産法人に対し訴えを提起するに際し、特別代理人選任を申請することを妨げないとされています（大決昭和5年6月28日民集9巻640頁）。	裁判手続を前提としているため、弁護士費用等新たな公金の支出が避けられません。

			・特別代理人から家財道具等の所有権放棄書を提出してもらい、公営住宅内に放置されたままの家財道具等を撤去した自治体があります。	
地方自治法	・自治体の条例制定権 ・専決権の委任	・法令に違反しない限りにおいて条例を制定できる（14条）。 ・議会の権限に属する軽易な事項で、その議決により、長が専決処分できる（180条）。	・条例の根拠なく家財道具等の移動を行っている自治体があります。 ・公営住宅の明渡請求をめぐって、相手方代理人と和解専決処分を行っている自治体があります。	・住居侵入罪や窃盗罪に問われる可能性があります。 ・和解できない場合、廃棄処分するには自治体に処分権限が必要になりますが、財産権の内容を条例で規定することはできません。
消費者契約法	消費者の保護	消費者の利益を一方的に害する条項は無効（10条）。	家主に一方的に有利となっている契約に基づいて、事実上の自力執行をしています。	契約が無効になれば、零細な大家さんは混乱し、今後、高齢者等に住宅を貸さなくなる可能性があります。
高齢者の居住の安定確保に関する法律	高齢者を賃借人とする賃貸借契約の特例	知事の認可を受け、書面によって契約をすれば賃借人の死亡時に契約が終了する定めをすることが可能（52条）。	入居者と第三者との間で残置物関係事務委託契約をして入居者死亡後の家財道具等の移動・廃棄を行えるようになりました。	相続人の調査等に、一定の専門知識が必要で時間もかかります。

刑法	財産権の保障	・住居侵入罪（130条）。 ・窃盗罪（235条）。	家財道具等を自力執行で、違う場所に移動している自治体があります。	住居侵入罪や窃盗罪に問われる可能性があります。
行旅病人及行旅死亡人取扱法	行旅死亡人の遺留品の廃棄	行旅死亡人の遺留物件の保管に不相当の費用や手数がかかるときに、当該物件を廃棄できる（12条）。	不在者の物と行旅死亡人の物との区別が困難ですが、遺留物の公告によって峻別できます。行旅死亡人の遺留物として公告後、廃棄している自治体があります。	・不在者の動産を保管する必要があります。 ・遺留金が行旅死亡人の費用を超えて残ったときに、30万円未満であれば自治体で保管するしかありません。
行旅病人死亡人等ノ引取及費用弁償ニ関スル件	中核市は独自に費用支出	指定都市や中核市は、行旅死亡人の取扱い費用を都道府県に費用弁償できないことから、独自に定めることが可能（1条2項・3項）。	遺留物件の棄却費用について、規則制定している中核市があります。	一般市の場合には、予め都道府県に説明し、理解を得ておかなければ、遺留物件の棄却費用を都道府県に請求できません。
墓地、埋葬等に関する法律	埋葬費の回収のための遺留品の売却又は廃棄	死者が所持していた現金を火葬の費用に充て、足りなければ死者の物品を売却してその費用に充てることができる（9条）。	この法律に基づいて、家財道具等を処分した自治体は確認できていません。	
生活保護法	葬祭費の回収のための遺留品の売却又は廃棄	死者が所持していた金銭及び有価証券を火葬の費用に充てることができる。その費用に足りない場合は、死者の遺留物品を売却して火葬費用に充てることができる（76条）。	この法律に基づいて家財道具等を処分した自治体は確認できていません。	

（出典：筆者作成）

210

○公営住宅に放置された家財道具等を廃棄した主な事例・根拠等

ゴミと有価物の峻別の事例や根拠等	根拠法令等	現場の対応	問題点
住宅明渡しの強制執行時には執行官が明渡しの催告をして、一定期間経過後に廃棄しています。	民事執行法168条・168条の2等	執行官との打合せを行う機会があるので、疑問も解消でき、現場が混乱することはありませんでした。	時間とお金がかかります。また、賃借人の動産を一定の期間保管しなければならない場合があります。さらには、賃借人が高齢者の場合には、執行官から緊急的に居住できる市営住宅の確保を求められたことがありました。
特別代理人との間で和解契約を締結し、廃棄しました。	民法695条	当事者間で家財道具等の所有権放棄を確認しているので、混乱することはありませんでした。	一定の額以上の現金が見つかった場合には、相続財産管理人選任の課題が顕在化します。
行旅死亡人の遺留物件で財産的価値がないものや手数を要するものは廃棄しました。	行旅病人及行旅死亡人取扱法9条・12条	不在者の物品と行旅死亡人の遺留物件を峻別するため、同法の公告を活用することにより混乱はありませんでした。	一定の額以上の現金が見つかった場合には、相続財産管理人選任の課題が顕在化します。
残置物関係事務委託契約の受託者により廃棄されます。	残置物関係事務委託契約のモデル契約条項6条（196頁）	廃棄等の対象となるものと対象とならないもの、これらを区別するために作成されるリストに従って廃棄したため混乱することはありませんでした。	換価して得られた代金や金銭が見つかった場合などは、相続人に引き渡す必要がありますから、相続人の調査等に一定の専門知識が必要で時間もかかります。

死者が所持していた現金を火葬の費用に充て、足りなければ死者の物品を売却してその費用に充てることも廃棄することもできるという規定に基づき廃棄できます。	墓地、埋葬等に関する法律9条で準用する行旅病人及行旅死亡人取扱法12条	この法律に基づいて、家財道具等を処分した自治体は確認できていません。	
火葬の費用に充てるため、死者の遺留物品を自治体の手元に置いて売却の準備を行います。売却の準備中にその保管に不相応の費用がかかったり手数を要したりするときは廃棄できます。結果的に住宅セーフティネットの機能を果たす公営住宅を速やかに確保できます。	生活保護法76条 民法178条 公営住宅法15条	この法律に基づいて、家財道具等を処分した自治体は確認できていません。	

（出典：筆者作成）

編著者紹介

藤島光雄

大阪大学大学院法学研究科博士後期課程修了（法学博士）、福知山公立大学教授

〔主な共著書等〕

『地方自治法の基本』（法律文化社、2022）、『行政法の基礎がわかった』（法学書院、2018）、『自治体政策法務の理論と課題別実践－鈴木庸夫先生古希記念』（第一法規、2017）、『自治体政策法務－地域特性に適合した法環境の創造』（有斐閣、2011）、『自治体職員のための政策法務入門　1総務課の巻－自治基本条例をつくることになったけれど』（第一法規、2009）　など、多数

岩本慶則

大阪府内の中核市で総務部文書法規係、市議会事務局次長、建築部次長、福祉部次長等を経て、市理事

自主研究会を立ち上げ、研究会から多くの公募論文入賞者を輩出、「市営住宅における単身入居者の孤独死～残された家財道具等の処分について～」（マッセOsaka研究紀要20号（2017））で最優秀賞を受賞

「第5回しまあじ釣り名人日本一決定戦」で優勝

参考文献

• 岩本慶則「市営住宅における単身入居者の孤独死～残された家財道具等の処分について～」（マッセOsaka研究紀要20号、2017）
• 藤島光雄＝岩本慶則「市営住宅における単身入居者の死亡（1）－残された家財道具等の取扱い等について」（自治実務セミナー683号、2019）
• 藤島光雄＝岩本慶則「市営住宅における単身入居者の死亡（2）－残された家財道具等の取扱い等について」（自治実務セミナー685号、2019）
• 藤島光雄＝岩本慶則「市営住宅における単身入居者の死亡（3）－残された家財道具等の取扱い等について」（自治実務セミナー687号、2019）
• 藤島光雄＝岩本慶則「市営住宅における単身入居者の死亡（4）－残された家財道具等の取扱い等について」（自治実務セミナー689号、2019）
• 藤島光雄＝岩本慶則「市営住宅における単身入居者の死亡（5）－残された家財道具等の取扱い等について」（自治実務セミナー693号、2020）
• 藤島光雄＝岩本慶則「市営住宅における単身入居者の死亡（6・完）－残された家財道具等の取扱い等について」（自治実務セミナー696号、2020）
• 藤島光雄＝岩本慶則「市営住宅における単身入居者の死亡【番外編（上）】－ 残された家財道具等の取扱い等について」（自治実務セミナー719号、2022）
• 藤島光雄＝岩本慶則「市営住宅における単身入居者の死亡【番外編（下）】－ 残された家財道具等の取扱い等について」（自治実務セミナー720号、2022）

サービス・インフォメーション

――――――――通話無料――――――――

①商品に関するご照会・お申込みのご依頼
　　　　TEL 0120(203)694／FAX 0120(302)640
②ご住所・ご名義等各種変更のご連絡
　　　　TEL 0120(203)696／FAX 0120(202)974
③請求・お支払いに関するご照会・ご要望
　　　　TEL 0120(203)695／FAX 0120(202)973

●フリーダイヤル（TEL）の受付時間は、土・日・祝日を除く
　9:00～17:30です。
●FAXは24時間受け付けておりますので、あわせてご利用ください。

公営住宅の遺品整理
―法的課題と自治体の対応―

2022年12月15日　初版発行

編 著 者　　藤　島　光　雄
　　　　　　岩　本　慶　則
発 行 者　　田　中　英　弥
発 行 所　　第一法規株式会社
　　　　　　〒107-8560　東京都港区南青山2-11-17
　　　　　　ホームページ　https://www.daiichihoki.co.jp/

公営住宅遺品　ISBN 978-4-474-09106-1　C2032　(6)